McKinsey Quarterly 2016 Number 3

中国工业4.0之路

本书编委会　组　编

编　　委　张海濛
徐浩洵
华强森（Jonathan Woetzel）
梁敦临（Nicolas Leung）
王磊智（Glenn Leibowitz）

执行主编　林　琳

上海交通大學出版社
SHANGHAI JIAO TONG UNIVERSITY PRESS

内容提要

工业4.0（又称第四次工业革命）是制造业数字化水平提升的时代机遇。面对急剧变化的全球制造业，中国制造该何去何从？中国制造业过往的快速增长主要依赖廉价劳动力、资本及对创新的模仿，但这些竞争优势如今正逐渐丧失。中国政府公布了《中国制造2025》，力争借助工业4.0的浪潮，从世界第一制造大国跻身发达制造大国之列。但中国制造商要成功实现数字化转型，必须基于自身现状，设计高度定制化的数字化转型之路。

本书聚焦中国工业4.0之路，探讨从制度建设，到技术技能配备等方面，中国企业踏上工业4.0征程所必须面临挑战和应对。

图书在版编目（CIP）数据

中国工业4.0之路 /《中国工业4.0之路》编委会组编.— 上海：
上海交通大学出版社，2016
ISBN 978-7-313-15933-5

Ⅰ. ①中… Ⅱ. ①中… Ⅲ. ①制造工业-研究-中国 Ⅳ. ①F426.4

中国版本图书馆CIP数据核字(2016)第233537号

中国工业4.0之路

组　　编：《中国工业4.0之路》编委会
出版发行：上海交通大学出版社　　地　　址：上海市番禺路951号
邮政编码：200030　　电　　话：021-64071208
出 版 人：韩建民
印　　制：上海景条印刷有限公司　　经　　销：全国新华书店
开　　本：889mm × 1194mm 1/16　　印　　张：5.5
字　　数：85千字
版　　次：2016年9月第1版　　印　　次：2016年9月第1次印刷
书　　号：978-7-313-15933-5/F
定　　价：48.00元

导读

中国在近30年里谱写了制造业的传奇，但生产力仍落后于发达国家：即使经过了15年的迅猛发展，生产力水平仍仅为主导发达国家的1/5。中国制造业过往的快速增长主要依赖廉价劳动力、资本以及对创新的模仿，如今这些竞争优势正逐渐丧失。此外，核心竞争力缺乏和品牌推广效率低下也是中国企业的短板。中国政府公布了《中国制造2025》，力争借助工业4.0的浪潮，从世界第一制造大国跻身发达制造大国之列。但要成功实现数字化转型，企业必须基于自身现状，寻求适合自己的数字化转型之路。这是秋季刊想要与大家分享和讨论的重点内容。

八成中国企业希望拥抱工业4.0，但四成以上认为自己还没做好踏上工业4.0征程的准备。Karel Eloot、王平、侯文皓和吴听合作撰写的《中国工业4.0之路》一文，指出中国制造企业对工业4.0抱有很大的热情和期望，在行动上却踌躇不前，难以落地。文章认为，对基础能力参差不齐的中国企业来说，“万金油”式的解决方案没有意义，必须根据自己的发展现状、行业发展趋势，打好精益生产管理基础、审慎选择数字化技术投资的领域，积极建设数字化组织架构、管控机制和人员能力，而且要放眼全局，勇于合作，打造良好的产业生态系统和数字化转型的环境。

新建数字化工厂，在扩大产能的同时，企业几乎可以不受现有工厂、系统和人员的制约，从零起步直接设计，建造出最先进的工厂和系统。因此，打造标杆数字化工厂是助推企业实现跨越式创新的重要一步，对中国的产业升级具有重要意义。由王三强、侯文皓、汪伟和展海旭撰写的《两化融合，以人为本—五步建设全新的数字化工厂》以中国某车辆制造企业为例，阐述了应以“两化融合，以人为本”为理念，从五大关键举措入手新建数字化工厂，即总体设计、软硬件的配套选择、组织人员的变革、数字化业绩管理和生态圈的建设。

除了新建数字化工厂，因地制宜结合行业、工艺和自身管理特点，引入数字化手段改造现有工厂，对一些传统企业来说也是合乎时宜的选择。由孙俊信、李元鹏、汪小帆和宋志浩撰写的《因地制宜，以点带面—传统企业的数字化改造》一文分析了中国某中型钢铁企业的数字化提升实例，该钢企在这一过程中的经验和方法值得所有正在寻求数字化升级切入点和方案的中国企业了解、学习和借鉴。

此外，您还可以读到大数据与先进分析怎样帮助货运业解决痛点，帮助企业HR挖掘洞见。以及中国企业应如何构建卓越的海外并购能力、数字时代的中国银行业以及皮克斯公司埃德温·卡穆尔的访谈。

祝您开卷愉快！

《麦肯锡季刊》编辑部

中国制造业数字化

04 中国工业4.0之路

Karel Eloot，王平，侯文皓，吴听

近80%的中国企业希望拥抱工业4.0，但40%以上的企业认为自己还没有做好踏上工业4.0征程的准备。

11 制造业创新中心：中国制造2025的加速器

李广宇，吕文博，王祎枫

“政府引导投入、商业化运作、各类创新主体分享收益”是制造业创新中心的可行路径。

16 两化融合，以人为本——五步建设全新的数字化工厂

王三强，侯文皓，汪伟，展海旭

企业应以“两化融合，以人为本”为理念，从五大关键举措建设全新的数字化工厂，即总体设计、软硬件的配套选择、组织人员的变革、数字化业绩管理和生态圈的建设。

21 因地制宜，以点带面——传统企业的数字化改造

孙俊信，李元鹏，侯文皓，汪小帆

中国制造业企业如何找准适合自身的数字化路径？因地制宜结合行业、工艺和自身管理特点，引入数字化手段改造现有工厂是合乎时宜的选择。

大数据与先进分析

28 数据分析助力HR获取精确洞察

刘家明，夏辰安，郑小重，徐浩宇

薪酬并非影响组织绩效的最重要因素，下级员工对中高层领导的满意度对组织绩效产生的影响更为关键。

31 探索数字货运平台新模式

黄赟，李元鹏，邵岷，冯聿娴

创新的数字货运平台解决了传统货运和快递企业的痛点。

数字商业

36 数字全球化时代的五个关键问题

Jacques Bughin，Susan Lund，James Manyika

如今数据流动对贸易和经济的影响日益深远，给管理者提出了必须应对的新问题。

42 客户争夺战：数字时代的中国银行业

倪以理，曲向军，Miklos Dietz

银行应以客户需求为核心，提供便捷、贴心的客户体验，同时通过数字化改造逐步将自己转型成为低成本的敏捷组织。

45 “科技泡沫”又来了吗？

David Cogman， 刘家明

公开市场和私募市场对科技公司的估值似乎并不一致。

海外并购

54 构建卓越的海外并购能力

徐浩旭，洪晟，孙俊信，David Cogman

企业必须及早规划好强有力的战略，并基于此形成有效的并购策略和积极的目标搜寻计划。并购后管理同样需要及早着手准备，保持与交易同步。

组织创新

58 从“小微”看海尔的平台化转型

唐蓓，卢少川

跨国制造商海尔正在努力变身为网络化平台型生态圈组织。我们选择从“小微”切入，以了解海尔在互联网时代的新转型。

访谈

66 先人一步——皮克斯公司埃德温·卡穆尔访谈录

皮克斯公司创作了全球首部全电脑动画片，创始人之一的卡穆尔先生向我们讲述了皮克斯永葆创意的管理哲学。

网络分享

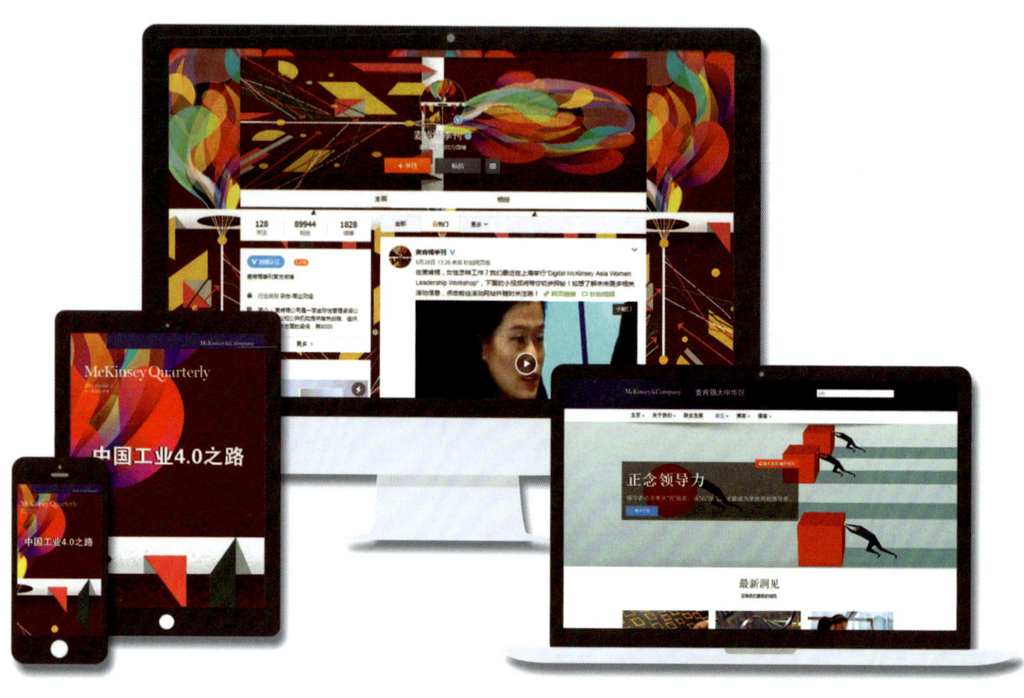

扫描二维码

关注微信公众账号

麦肯锡公司

关注《麦肯锡季刊》中文微博，我们在

http://e.weibo.com/mckinseyquarterlycn

ID：麦肯锡季刊

麦肯锡大中华区网站上的《麦肯锡季刊》专栏

http://www.mckinsey.com.cn/insights/麦肯锡季刊/

中国制造的数字化

04 中国工业4.0之路
Karel Eloot，王平，侯文皓，吴听

11 制造业创新中心：中国制造2025的加速器
李广宇，吕文博，王祎枫

16 两化融合，以人为本——五步建设全新的数字化工厂
王三强，侯文皓，汪伟，展海旭

21 因地制宜，以点带面——传统企业的数字化改造
孙俊信，李元鹏，侯文皓，汪小帆

中国工业4.0之路

Karel Eloot，王平，侯文皓，吴听

近80%的中国企业希望拥抱工业4.0，但40%以上的企业认为自己还没有做好踏上工业4.0征程的准备。

工业4.0（又称第四次工业革命）是制造业数字化水平提升的时代机遇。扎根于物联网、云计算、人工智能、虚拟现实、增值制造、机器人等突破性技术，工业4.0充分整合、优化虚拟和现实世界中的资源、人才和信息，致力于打造高灵活度、高资源利用率的“智能工厂”，实现从产品开发、采购、制造、分销、零售、到终端客户的连续、实时信息流通。这条贯穿整个商业价值链的“数字线程”，大大提高信息透明度，实现运营成本大幅降低、产品高度个性化、以及灵活高效的制造与产品开发流程，并促进商业模式的创新。

工业4.0是突破世界现有生产力增长瓶颈的重要机遇。中国虽在近30年书写了制造业的传奇，但生产力仍落后于发达国家：即使是经过了15年的迅猛发展，生产力水平仍仅为主导发达国家的1/5。中国制造业过往的快速增长主要依赖廉价劳动力、资本及对创新的模仿，但这些竞争优势如今正逐渐丧失。中国政府公布了《中国制造2025》，力争借助工业4.0的浪潮，从世界第一制造大国跻身发达制造大国之列。但中国制造商要成功实现数字化转型，必须基于自身现状，寻求适合中国的数字化转型之路。

为全面了解中国企业的数字化运营现状，麦肯锡访问了130位来自各行业的企业代表。调查显示，中国制造商对工业4.0抱有极大的热情和期待（见图1），比美、日、德企业更为乐观：76%的中国受访企业相信技术革命将增强自身竞争力，远高于美、德、日三国（美57%，德50%，日54%）。而且，中国民营企业最为乐观，86%的民企认为技术革命有利于提升竞争力，而国企

图1 中国制造业虽对“工业4.0”抱有极大希望和热情，但在实施上仍踌躇疑惑，难以落地

在受访企业中的占比（样本数：美国、德国和日本各取约100家企业，中国130家企业，其中私营企业50家、国企34家、跨国企业45家）

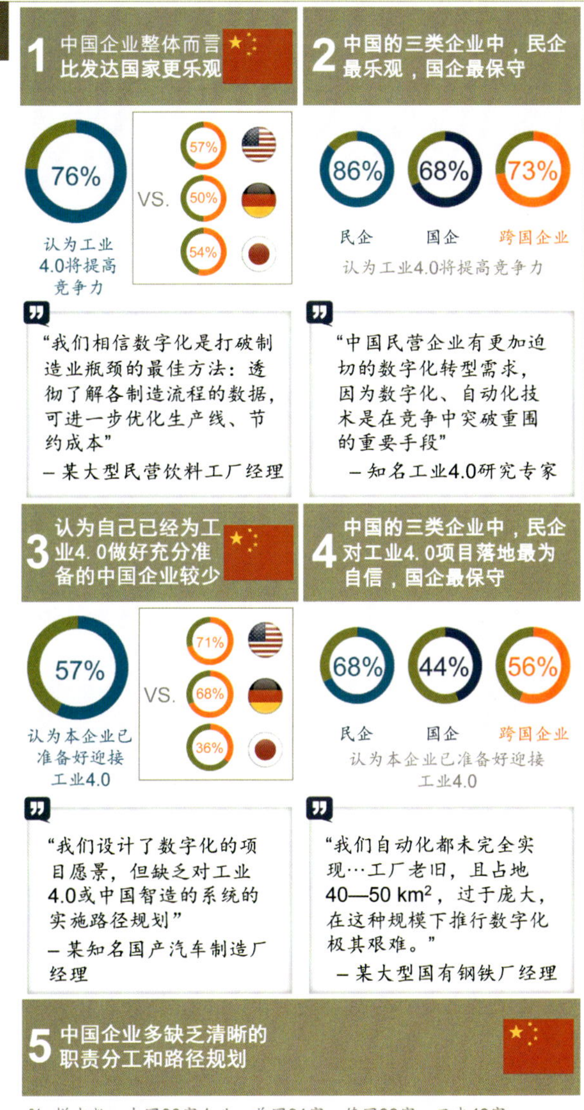

%，样本数：中国88家企业，美国91家，德国88家，日本48家

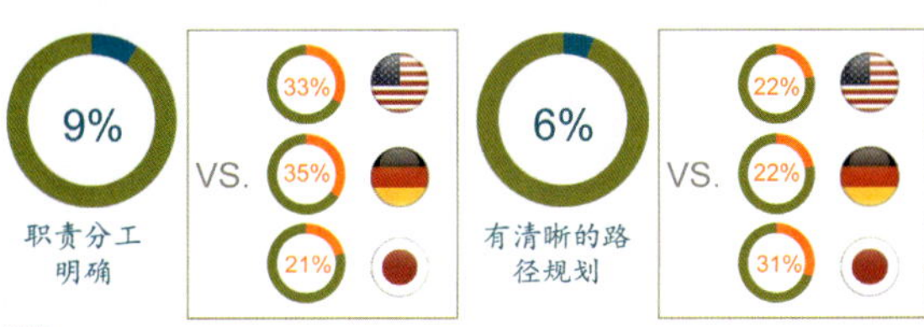

“很多企业希望我们助其安装全自动化和数字化系统，但它们自身缺乏相关技能人才，无法维护机器和系统，最终计划便不了了之。”

–制造执行系统（MES）供应商

资料来源：麦肯锡2016年第四次工业革命全球专家调查；中国第四次工业革命调查；专家采访

和跨国企业相对保守，分别为68%和73%。

虽然中国制造商对工业4.0抱有很大的热情和期望，但对实施具体策略有较多疑虑。只有57%的中国企业对工业4.0做好了充分的准备，远低于美国（71%）和德国（68%）。其中，国企最为保守，民企则大胆些：仅44%的国企声称已做好准备，而民企高达68%。中国制造商在数字化转型中的疑虑很可能来自于战略策略的不成熟。虽然43%的中国企业表示已制定了宏观的变革战略，但只有9%的企业能真正细化到清晰明确的职责分工，而该比例在美国为33%、德国为35%，在日本为21%；另外，仅有6%的中国企业制定了明确的实施路径，远低于美、德、日企业（22%，22%，31%）。相应地，缺乏系统的实施路径/工具箱亦成为中国制造业数字化转型的主要障碍。

为了进一步探究中国制造业的现状，我们与50多位不同行业的企业代表和专家进行了深入的访谈，从数字化运营系统、管理系统和生态系统这三个维度对中国制造业进行了研究（见图2）。我们发现中国企业在这三个维度上均存在明显的差距和机遇。

图2 基于中国的现状和面临的挑战，我们从数字化运营系统、管理系统和生态系统三大维度对中国企业进行了360° 全方位考察，以评估中国是否准备好进入工业4.0时代

工业4.0关键元素示意图

1 数字化运营体系

- 数字化运营体系是部署在价值链上各职能环节的关键价值驱动系统
- 它们借助颠覆性技术实现客户价值：
  - 物联网技术
  - 自动化、VR/AR应用
  - 大数据采集、管理和分析
  - 数字化业绩管理等

2 管理架构、理念能力

- 精益运营思维模式准备就绪
- 工业4.0的组织架构与管控模式
- 数字化业绩管理体系和激励机制
- 工业4.0所需的数字化人才

3 生态系统

- 整合政府、技术供应商、投资资本、咨询、高校和研究院等的相关资源，形成合力以推动价值链各环节及工业4.0的发展

数字化运营体系

目前，中国企业在价值链各职能环节上，包括产品开发、供应链、生产制造、销售和营销及售后服务，都未能充分有效地利用数字化管理工具。以汽车制造业为例：产品开发、供应链和质量管理都是亟待提高的核心领域。要生产出高品质、低成本的汽车，中国企业需要进行研发能力建设，在供应链中引入数字化的工具和流程，建立数字化的质量管理系统，并实现整条价值链的信息流程贯通和系统化质量提升。

管理基础设施及理念与能力

对工业4.0这一新概念的过度热衷很可能导致企业在技术设备上的非理性投资。事实上，许多中国企业在组织架构、绩效管理系统及人才、管理理念等仍不成熟，从而缺少对工业4.0的必要支撑。在组织架构上，仅有9%的受访企业在工业4.0项目上有明确的职责分工，仅有6%的受访企业为工业4.0项目制定了清晰明确的实施路径。同样，工业4.0具体实施路径规划、数字化人才、商业论证的匮乏是受访企业在工业4.0征程上的最大障碍。绩效管理体系和工业4.0项目的割裂是中国企业普遍存在的另一个问题。管理理念上，大多数企业并未把数字化转型视作核心事务，而只是一种象征性的举动，导致工业4.0战略策略的狭窄和短视。总体而言，许多中国企业在从管理人员到一线员工，从个人意识到技术技能等各个方面，要做好踏上工业4.0征程的准备还有很多工作要做。

生态系统的相互作用

中国工业4.0生态系统的建设处于刚刚起步的阶段：政府担任初始驱动者；技术开发资本开始涉足工业4.0领域；领先的制造商亦开始为自己打造跨企业、跨行业的生态系统。但中国的生态系统在许多方面仍落后于发达国家。最为显著的差距表现在：研究与技术应用之间的脱节，缺乏具有核心竞争力的技术解决方案，以及行业参与者在价值链内协调性的不足。

设计具有中国特色的工业4.0路径

中国制造商能力参差不齐，现状复杂。要在数字化转型中成功获取最大的价值，需要的不是“万金油”式的解决方案，而是基于公司个体能力与业务需求量身定制的工业4.0路径（见图3）。对缺乏精益运营基础、自动化水平低的企业来说，采用精益运营模式和理念，更能带来快速和显著的正面影响。此外，关键加工步骤的自动化、建立数据收集、分析、决策和执行能力也将是快速有效的抓手。对已拥有半自动化生产，并在关键质量节点进行数据收集的企业来说，升级管理组织架构，培养可以有效支持数字化转型、强化数据管理、分析、决策和执行的理念和能力，将会是突出重围的制胜关键。对已有先进制造水平，并具有敏捷的管理体系和商业模式的领先企业来说，借助数字化工具进一步提升管理和运营的敏捷性和灵活性，并大胆采用创新的商业模式，将是保持领先的关键。

图3 工业4.0方案不是“万金油”式的方案，对基础能力参差不齐的中国企业，数字化转型之路必须度身定做

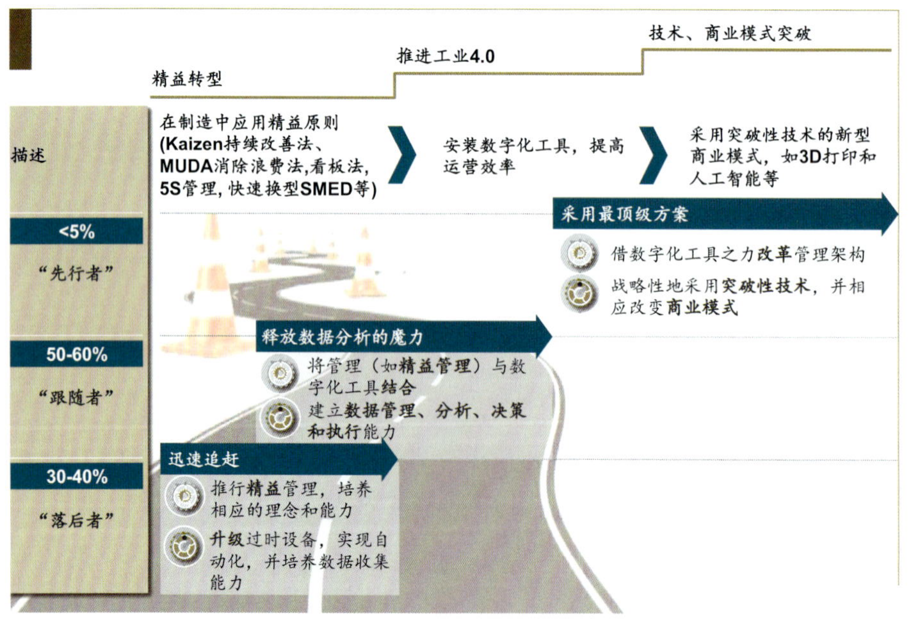

中国制造要牢牢抓住工业4.0的机遇，必须通过以下三个关键举措设计量身定制的数字化转型路径。

打好数字化管理架构和理念能力基础：在基于不同业务职能的传统组织架构基础上，实施以传统职能团队作为支持平台，项目团队作为内部创业小组的双速组织设置，不仅能保证稳定性，还能提高敏捷性和创新的持续性。此外，管理层对数字化转型的共识和决心，有效的激励机制、数字化的绩效管理方法及数字化人才培养都是实现数字化转型的关键成功因素。

设计数字化转型的战略举措：适应定制化、自动化、智能化是全球制造业的发展趋势。借助工业4.0的技术浪潮，各行业应根据产品和客户类型、竞争动态判断相应产业发展趋势，并基于自身的基础，找出价值回报潜力最高的数字化领域，制定相应的数字转型战略和执行路线。

高效的产品开发：如今产品迭代速度加快、消费者需求不断变化。如果能有效利用工业4.0带来的虚实结合理念和工具（CPS）、模块化、标准化的研发模式，就能更快地完成从产品概念到产品原型的市场和生产测试，再到量产和销售，企业就能更快地推出新产品，从而获得市场先入的优势，赢得更可观的市场份额和利润。这对于快速迭代的高科技产品市场尤为重要。

定制化柔性生产：用户端的价值需求是重要的价值驱动因素。由用户需求驱动的产品开发，灵活高效的供应链和生产线，大数据驱动的精准营销和销售，以及售后智能服务和数据反馈等数字化转型举措将协助企业更快更好地响应快速变化的市场和消费者需求。另外，对B2B企业，利用互融互通的软件系统和数字化平台与关键客户、供应商在产品研发、订单排产、售后跟踪服务上进行更紧密地协作和信息互通，也是关键的数字化举措。

自动化、智能化生产：打造信息化的，且与生产需求节奏相匹配的供应链、自动化的生产线、数字化的管理系统，尤其是工业4.0带来的自省、自我预测、自我维护等监测和控制系统的新功能，能够减少人为失误，降低人力成本， 减少流程浪费，提高生产效率，进而提升产品的质量和利润。这是许多行业在未来激烈竞争中创造利润和价值的关键举措，尤其是那些需要量产且利润空间压力较大的大宗商品企业。

建立可持续的生态体系：在工业4.0方面领先全球的国家已经采取一系列行动，推动当地工业4.0生态体系的发展。美国为促进最新数字生产技术在工业的应用，建立了由联邦政府领导的国家制造业创新网络。德国政府针对工业4.0定期出台各方面的配套政策。在制造商层面，德国汽车零部件和家用电器制造商博世集团与价值链内外的50多个企业建立合作关系，发展物联网技术的创新应用。基于国际最佳实践，中国要加快数字化运营生态体系的建设，需要①建立全国性创新中心；②加强学术界和工业间研发和应用的联系；③为初创企业和中小企业提供资金、设施、政策支持；④吸引海内外数字化人才；⑤加强网络安全的防范措施；⑥协调供应链企业的数字化改造；⑦拓展制造商与垂直行业间的战略合作伙伴关系。

• • •

总体而言，中国制造业并没有像美国、德国等发达国家那样由第三次工业革命逐渐过渡到第四次工业革命。许多中国企业仍处于工业2.0，甚至更低的水平。但工业4.0这一新概念加上中国制造2025行动纲领的大力推广使许多企业对数字化转型抱以很大的热情和期望。不过，要使数字化转型、智能制造的愿景真正落地，中国企业必须根据自己的发展现状、行业发展趋势，打好精益管理基础、审慎选择数字化技术投资的领域，积极建设数字化组织架构、管控机制和人员能力，而且要放眼全局，勇于合作，打造良好的产业生态系统。○

作者诚挚感谢同事黎莉诗、戴安、郭小筠、徐晓琪和汪宁对本课题做出的努力和贡献。

Karel Eloot（艾家瑞）为麦肯锡全球资深董事合伙人，常驻上海分公司；
王平为麦肯锡全球董事合伙人，大中华区运营业务领导人，常驻上海分公司；
侯文皓为麦肯锡全球资深专家，中国区数字化运营业务负责人，常驻上海分公司；
吴听为麦肯锡全球副董事合伙人，常驻上海分公司。

制造业创新中心：中国制造2025的加速器

李广宇，吕文博，王祎枫

“政府引导投入、商业化运作、各类创新主体分享收益”是制造业创新中心的可行路径。

2012年，美国政府为了支持“再工业化”，提出了总投资额10亿美元的“全国制造业创新网络计划（National Network for Manufacturing Innovation，NNMI）”。未来10年，美国制造业创新网络将涵盖超过45家国家级研究机构。目前，美国已创设了7所国家级的制造业研究中心（包括下文提及的数字化制造与设计创新研究机构）。这些研究中心都有一些共同特点，即采用政府与社会合作模式，通过开放式创新平台，将产业、学界和政府的创新资源连接在一起，推动制造技术创新并加速其商业化过程。除美国外，德国也提出了类似的“工业4.0平台计划（Plattform Industrie 4.0）”以加速实现工业4.0。

为应对全球产业竞争格局正在发生的深刻变化，中国政府于2015年发布了《中国制造2025》战略规划，紧接着2016年8月四部委又发布了“5大工程实施指南”，其中第一项便是《制造业创新中心建设工程实施指南》。根据文件，制造业创新中心是“由企业、科研院所、高校等各类创新主体自愿组合、自主结合，以企业为主体，以独立法人形式建立的新型创新载体”。其目的是“完成技术开发到转移扩散和首次商业化应用的创新链条各环节的活动，打造跨界协同的创新生态系统”。

我们相信，制造业创新中心将会成为实现“中国制造2025”的加速器，成为中国制造协同创新网络的关键节点。为什么中国政府此刻提出建设制造业创新中心？国外是否已有成功先例？各地政府、企业、科研院所和高校究竟如何通力协作？本文结合麦肯锡在全球多个地区帮助当地政府建设类似创新中心的实践经验，尝试对上述问题做出解答。

制造业创新中心的核心作用是加强新型制造技术的联合研发和商业推广

“中国制造2025”战略公布之后，极大鼓舞了制造企业的士气，但在具体执行时出现了两个较为突出的现实挑战：**第一项挑战，智能制造的核心技术仍为外国企业掌握，生产效率远低于发达国家。**麦肯锡全球研究院发布的最新报告《中国的选择：抓住5万亿美元的生产力机遇》中指出，在汽车、半导体及制药等研发密集型制造业，中国企业的投资资本收益为8.5%，而在美国，这一数字为16.5%。中国本土企业在核心技术的掌握上仍落后于发达国家，例如工业机器人制造，中国企业除了在系统集成这一领域发展较成熟外，其他环节（特别是电机伺服系统等核心零部件制造）都相对落后。虽然中国企业可以通过收购实现赶超甚至领跑（如最近美的收购德国机器人龙头企业库卡），但在自主研发方面进展缓慢。事实上，“政产学研用”的协同缺乏载体，目前各地成立很多产业联盟，但这种行业协会性质的组织对真实研发的推动作用有限。制造业创新中心的实质应是“各类创新主体的合资实验室”，是以研发成果商业化为核心模式的类营利性组织，各创新组织通过平台进行开放式研发，实现研发资源共享、技术成果共享、商业利益共享。

第二项挑战，大型央企先行先试，但中小民企踟蹰不前。由于政府的引导，大型央企充分发挥了“集中力量办大事”的优势，在重大装备、重大生产工艺上获得了突破性进展。但另一方面，中小型民营制造企业的智能化制造进程比较缓慢，很大原因是缺乏对智能制造的了解和政策资金的激励。中国智能制造技术升级的受益者应是成千上万的中小型制造企业，它们未来会采购大量的智能制造生产的软硬件系统，从而倒逼上游智能制造设备的研发和生产。因此，制造业创新中心还应成为“智能制造设备和系统的示范展销平台”，甚至可增加智能制造技术科普培训作用，加强中小企业对智能制造的了解。

美国和新加坡的经验表明“政府引导投入、商业化运

作、各类创新主体分享收益”是制造业创新中心的可行路径

作为“全国制造业创新网络”的关键一环，美国政府于2015年在芝加哥成立了数字化制造与设计创新研究机构（Digital Manufacturing and Design Innovation Institute，简称DMDII，见图1）。其成功要素可总结为三点：“政府投入、职业经理人管理、会员共享科研成果”。首先，DMDII是由美国国防部、伊利诺伊州政府和芝加哥市政府的支持下在伊利诺伊州大学创办，通过公私合作（PPP）筹集了1.7亿美元初始资金（州政府、市政府提供启动资本2600万美元，国防部提供7000万美元跟投资本）。其次，该中心的董事会成员包括通用电气技术总监、西北大学校长、政府工作人员等，运营团队主要成员包括前VC、美国龙头制造企业运营及研发总监、麦肯锡咨询顾问等，都是富有经验的职业经理人。最后，运营模式采用会员分级制，中心每年开发约15个研发项目，邀请企业与科研会员以及初创公司参与联合研发，科研成果和专利由所有会员共享，会员还可提出技术研发需求、参与项目跟投以及展示设备与技术。该中心总面积9000平方米，设有研发中心、培训中心、技术应用展示等多功能平台。目前聚集了173家企业和49家科研机构，引进波音（Boeing）、宝洁（P&G）、迪尔（John Deere）等龙头企业入驻。

图1 美国DMDII制造业创新中心运作模式

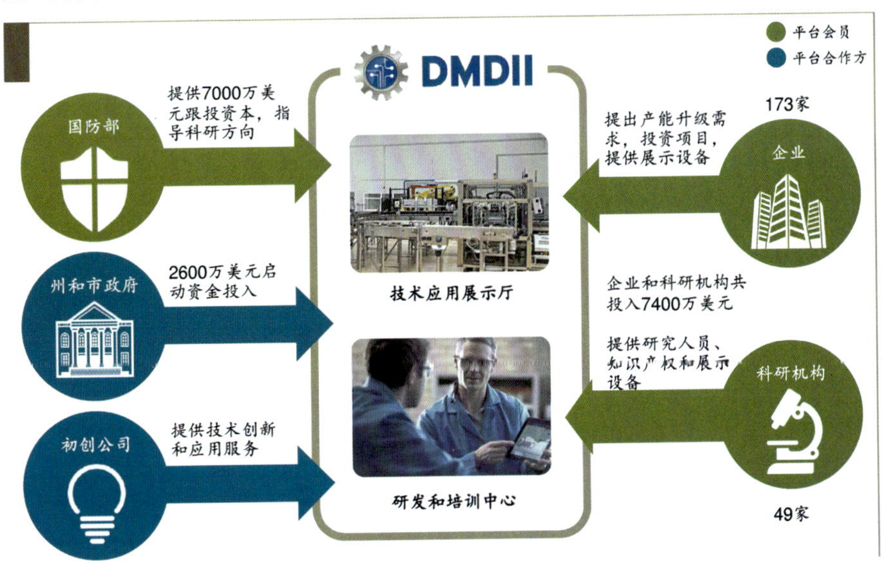

资料来源：麦肯锡分析

新加坡的制造业也面临类似挑战，其经济发展受制于有限的土地资源供应和持续上升的要素成本。2015年，新加坡政府与麦肯锡合作规划了“Lighthouse”项目（见图2），希望集聚全球制造创新资源，再次激活本地中小型制造企业。Lighthouse实际上是一个数字化卓越运营中心，新加坡经济发展局提供资本并帮助引入会员，科技研究局下属机构Advanced Remanufacturing and Technology Center提供场地、对接科研机构，麦肯锡参与课程设计和新会员开发，总计投入2800万新币，仅占地2500平方米，设有技术展示厅、研发中心、培训中心和孵化器等子平台。新加坡政府希望该平台发挥四大作用：①加强大型制造企业在数字化制造方面对中小制造企业的示范和带动作用；②促进本土企业与跨国企业的技术交流；③将中小企业数字化制造的需求直接同设备提供商对接；④促进企业和科研机构对智能制造技术创新和应用的协同创新。目前该平台已经拥有劳斯莱斯（Rolls-Royce）、西门子（SIEMENS）、3M等重量级会员。

图2 新加坡Lighthouse制造业创新中心运作模式

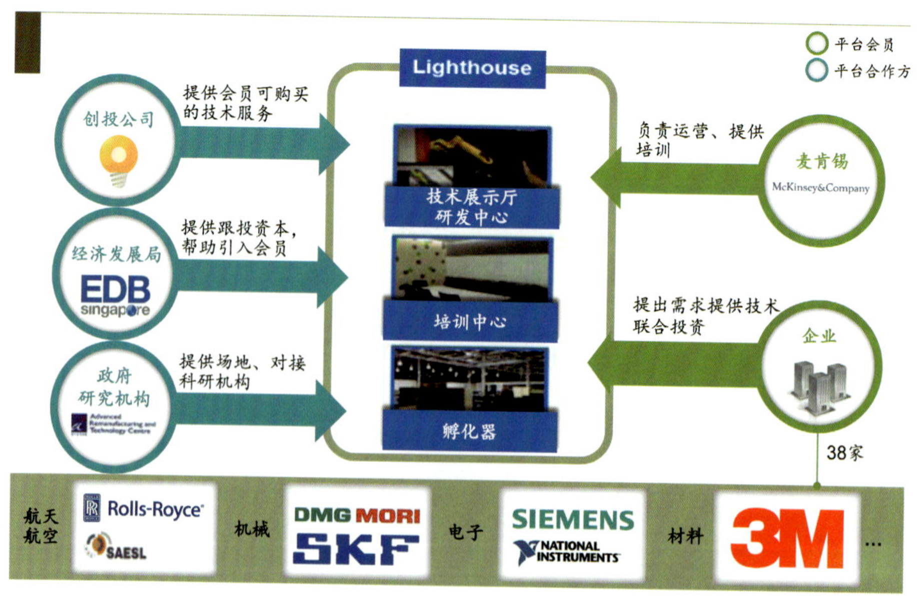

资料来源：麦肯锡分析

从美国DMDII和新加坡Lighthouse可以发现制造业创新中心的共性之处，政府不遗余力的投入，同时将创新中心交给富有商业经验的职业经理人运营，确保技术投资能够获得切实回报，并通过会员制的方式让各成员提出研发需求、参与研发投资、展示交易研发成果。这些成功经验都可成为中国各地政府打造制造业创新中心的参考。

中国政府如要打造制造业创新中心的样板工程，亦须遵循“政府领投、专业运营、市场买单”的商业原则

我们可以预见，只要政令一出，制造业创新中心将会在中国许多城市的产业园如雨后春笋般冒出，要保持其创新活力，真正发挥国家期望的“加强产业前沿和共性关键技术研发、促进技术转移扩散和首次商业化应用”等作用，我们建议借鉴发达国家的做法，遵循“政府领投、专业运营、市场买单”的商业原则，打造制造业创新中心的样板工程。

政府领投，政府采用类似产业母子基金的形式，依靠部分投入吸引大量的社会资本参与，采取公私合作（PPP）模式，该创新中心能够自负盈亏，不再需要额外的政府投入。专业运营，政府扮演财务投资人的角色，并不过多参与创新中心的具体运营。政府应主动邀请知名企业家，可以是退居二线的国企领导人担任董事长，指导创新中心的日常运营；但更关键地要成立专家团队决定研发项目投资，因此管理团队也可邀请科学家、专注科技企业的风险投资家，以及外部的专业人员成立“研发投资决策委员会”。市场买单，效仿会员制的做法，让会员优先提出制造技术研发定制化需求，从一开始就让市场愿意为研发买单。同时，将创新中心作为智能制造技术和设备的推广平台，让更多中小企业深切体会智能化制造带来的效益提升。依靠市场的自身力量，推动智能制造技术的革新和普及。○

李广宇为麦肯锡全球资深董事合伙人，亚太地区基础设施咨询业务及公共部门咨询业务负责人，常驻上海分公司；

吕文博为麦肯锡全球董事合伙人，大中华区公共部门咨询业务负责人、区域经济和产业规划领域领导人，常驻上海分公司；

王祎枫为麦肯锡全球副董事合伙人，常驻上海分公司。

两化融合，以人为本
——五步建设全新的数字化工厂

王三强，侯文皓，汪伟，展海旭

企业应以“两化融合，以人为本”为理念，从五大关键举措建设全新的数字化工厂，即总体设计、软硬件的配套选择、组织人员的变革、数字化业绩管理和生态圈的建设。

新一轮科技革命和产业变革（即第四次工业革命、工业4.0）已在欧美拉开序幕，国际产业分工格局正在重塑。如何抓住这一重大发展机遇，应对新的挑战，向所有的中国企业，尤其是制造业，提出了一个历史性的问题。宏观层面，本届政府已指明了“中国制造2025战略”的方向。微观层面，我们认为打造标杆数字化工厂，是助推企业实现跨越式创新的重要一步。

所谓数字化工厂，是指以产品全生命周期的相关数据为基础，在计算机虚拟环境中，对整个生产过程进行仿真、评估和优化，并进一步扩展到整个产品生命周期的新型生产组织方式。数字化工厂需要具备高度的精益化和自动化水平，同时拥有强大和完整的信息系统，连接工厂内外，并灵活调整生产的各个环节。更重要的是需要配备以价值创造为驱动力的敏捷型组织及人才，才能充分发挥数字化工厂硬件及软件的最大效能。

新建数字化工厂，在扩大产能的同时，企业几乎可以不受现有工厂、系统和人员的制约，从零起步直接设计，建造出最先进的工厂和系统。然而，我们也发现，企业新建数字化工厂普遍存在着两大挑战。**首先，投资效率低。**总的来说，过去几十年中国投资新厂的效率较低，尤其是投入极大的高科技、高自动化工厂，失败的案例屡见不鲜。**其次，实施难度大。**中国企业的精益化和自动化水平与先进国家相比仍有不小的差距，数字化工厂的实施难度大。据我们了解，虽然很多企业在考虑甚至计划新建数字化工厂，但其实并不清楚如何实施。

基于麦肯锡在国内外的实践和相关的专业知识与洞见，我们总结出新建数字化工厂时应遵循的“两化融合，以人为本”的理念。“两化融合”即加速完成自动化与信息化的融合。“以人为本”深刻认识到人的价值：所有的创新都是从人（团队）得来，所有的产品最终也都是为了人（客户）。如何做到“以人为本”？对内，是顺应当代员工需要的激励方法与组织形式。对外，是如何更好地为客户创造价值，与生态圈实现共赢。具体来说，企业应从五大关键举措入手建设全新的数字化工厂。

五步建设全新的数字化工厂

构建一个高效的数字化工厂，需要从总体设计、软硬件的配套选择、组织人员的变革、数字化业绩管理和生态圈的建设等五个方面入手。

1 设计总体路径图

总体路径图勾勒出了新建数字化工厂的大方向，它包括软硬件的配套选择、组织架构的设计、人员的培养与选拔，以及数字化的业绩管理。其设计要考虑企业当前数字化水平和未来数字化需求之间的差距。

麦肯锡的“数字化制造罗盘”工具可用于判断企业当前的数字化水平（见下图），我们在全球其他地区已经广泛使用，也尝试应用于中国的制造企业，效果同样令人满意。

接着，梳理数字工厂各个车间、生产线对于数字化制造系统的功能需求，通过对工厂信息管理系统、生产计划、工单执行、人员管理、物料管理、质量管理、工艺管理、设备管理、能源管理等九大功能模块的通盘考虑，我们就能掌握该企业的未来数字化需求。

2 选用合适的数字化技术并落地，先易后难，先大后小

首先，分析数字化系统的集成框架，以保证数字化系统的完整有效。一般

图 麦肯锡“数字化制造罗盘”工具

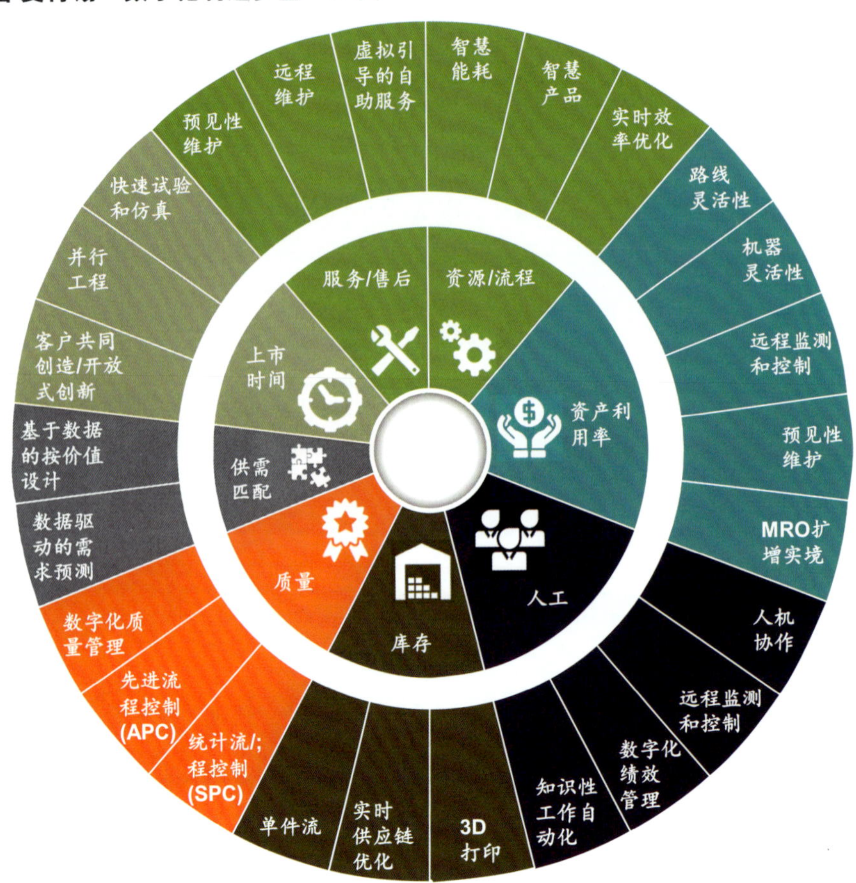

来说，数字化工厂需要包括ERP系统(企业资源计划系统)，MES系统（制造执行系统）和PLM系统（产品生命周期管理系统）在内的相互连接的一整套数字化管理体系。

其次，分析数字化系统各项功能需求的可行性和重要性，在两个维度上进行高、中、低三档的排序。此过程应邀请尽可能多的利益相关者参加，尤其是硬件和软件供应商。

最后，根据可行性和重要性排序，制定数字化系统落地的实施路径，明确短期、中期、长期的发展目标。

3 打造敏捷组织，选拔优秀人才

首先，为确保新工厂的高效运营，需要打造敏捷组织。它能够使信息与决策更快地在组织上下流动，使战略和结构跟上瞬息万变的市场变化，员工具备更强的能力来解读信息并解决复杂问题。传统组织的敏捷转型需要从组织架构、流程及人员这三个方面来打造组织稳定主心骨及动态能力。

其次，做好关键核心岗位（总经理）的人员选拔。可采取外招和内部选拔两条腿走路。选拔总经理从企业和新工厂需要的特质出发，设计合理有效的考核选拔制度。内部选拔可按业绩和领导力来考量。

4 数字化业绩管理

传统的业绩管理很难将高层和底层的关键业绩指标完全对应，更不可能实时反馈和纠正。数字化业绩管理则将关键指标层层分解，达到上下的统一和透明，并定期更新。在数字化业绩管理体系下，每个人都可以直接看到生产线的运转情况，以实现实时反馈和远程解决问题。

5 构筑生态圈，充分调动各方力量

数字化工厂的核心是实现整个价值链的端到端互联，因此企业必须借助各种力量构筑生态圈或成为生态圈的一员，充分调动自身、外部咨询机构、设备供应商、技术研发机构、政府机构等各方的资源。

• • •

在工业4.0大潮的拍击和本届政府“中国制造2025”战略的鼓励之下，数字化工厂成为实现跨越式创新的关键一步，对中国的产业升级具有重要的意义。建设全新的数字化工厂不失为一个选择，但投资效率低和实施难度大是不容忽视的两大挑战。我们建议，企业应以“两化融合，以人为本”为理念，从五大关键举措入手新建数字化工厂，即总体设计、软硬件的配套选择、组织人员的变革、数字化业绩管理和生态圈的建设。

2016年上半年，中国某车辆制造企业从零开始新建了数字化工厂，并辅之以规划运营及组织的转型。该企业在国内拥有十多家工厂，产品远销美国、澳大利亚、中东、非洲等地，其规模及技术均处于行业领先。为保持其行业领先优势，并进一步拓展全球市场，该企业投资新建数字化零部件工厂，并以此为模范工厂引领整个企业的数字化转型。

该数字化工厂要承担起工业4.0模范工厂的重任，成为世界最优秀的多品种小批量的车辆零部件供应商，必须在硬件上投入合适的自动化设备，在软件上投入灵动的数字化软件PLM、MES，在组织上向敏捷转型，在人才上形成卓越的数字化能力。

经过数月的努力，该企业顺利完成了数字化工厂的设计、组织顶层架构的搭建、核心人才的选拔及数字化业绩的管理方案，并已经与系统供应商达成共识，启动了第一阶段工厂爬坡计划。根据测算，数字化制造系统有望将工厂的设备利用率提高15%，进而为该企业带来每年1000万元以上的成本节降。

作者诚挚感谢同事赵赫和徐沛对本文的贡献。

王三强为麦肯锡全球董事合伙人，车辆行业专家，常驻深圳分公司；
侯文皓为麦肯锡全球资深专家，中国区数字化运营业务负责人，常驻上海分公司；
汪伟为麦肯锡项目经理，运营和组织专家，常驻上海分公司；
展海旭为麦肯锡资深分析师，常驻上海分公司。

因地制宜，以点带面
——传统企业的数字化改造

孙俊信，李元鹏，汪小帆，宋志浩

中国制造业企业如何找准适合自身的数字化路径？因地制宜结合行业、工艺和自身管理特点，引入数字化手段改造现有工厂是合乎时宜的选择。

全球工业制造业正经历一场数字化转型，即由传统制造向智能制造迈进。在中国，各类制造企业也都希望借力数字化强化和提升竞争优势。那么，如何找准适合自身的数字化路径？新建工厂固然对整体能力的提升不言而喻，但往往成本投入太高。更多的选择是因地制宜结合行业、工艺和自身管理特点，引入数字化手段改造现有工厂。

在帮助国内外众多基础原材料、能源、农业、化工、油气等工业企业开展数字化运营提升的过程中，我们看到企业普遍承受着四方面的挑战：①运营流程冗长，指标众多但结构不清；②关键工艺过程复杂数字化程度低，难以精确数字量化和优化；③日常各环节分析和管理都以定性经验为主、定量分析为辅；④缺乏整合的数据和信息平台，无法有效支持分析优化和业绩对话。为解决以上问题，企业在现有运营环境中引入数字化需要特别重视以下四项工作：

第一，逻辑机理梳理。自上而下细化、自外而内剖析、自前到后推导，梳理明确范围内各维度的机理关系、逻辑关系和决策机制，以最终优化为目标。做到各级目标和参数互有支撑、不重不漏、逻辑正确，以最终效益为导向。这是改善的前提必要条件，否则再多的指标数字化和目视化，也难保“力往一处使”。

第二，数据补缺清理。确定优化数字模型所需的数据来源，并增补所需但欠缺的数据探测、收集或分析的点，并在整体数据收集中进行频率和时间序列的对齐。传统企业在许多关键运行参数和计量上往往有表计缺失或失效，若输入信息和数字缺乏完整性和准确性，那么后续优化和结果很有可能“失之毫厘，谬以千里”，非但不能支持改善，更可能恶化运营状况。

第三，验证和优化。优化算法和模型建立后，开展“落地验证”和“本地优化”。进一步微调模型，使其与实际更加贴合，并与实操和执行的员工对接并形成合力。这一步表面是根据实际进一步调优模型，其实是通过这个过程培训后续的执行员工，让他们产生主人翁意识，从而全盘接手、接纳和使用优化方案。

第四，流程落地标准化。包装模型并导入硬件系统的同时，开展流程标准化和员工培训，对过程和结果指标进行追踪，持续优化流程，确保优化模型切实落地。优化模型只能量化潜力和确定方法，但效益的完整落地需要流程标准化的完美落地和有效实施。

在以上四条原则的指导下，中国某中型钢铁企业对其关键流程和工序实施了数字化改进并引入大数据高阶分析优化，应用并落实了全价值配料优化、数字化高炉优化和数字化业绩管理升级。不但在短时间内实现了较好的财务收益，也通过各运营管理环节的数字化、精确化和目视化，提升了运营水平和管理能力，为持续降本提效打下了扎实的基础。

应用一：全价值配料优化

原材料成本占钢铁生产成本60%以上，现有的配料大多注重降低采购成本（即怎么买），而不是综合铁水成本最优（即买什么）。为了从源头优化钢

铁产品总成本，该钢企投用了铁前全价值配料（Value-In-Use）优化体系，将“数据化运营”切实融入日常管理。不但将原燃料供应链与生产工序中的输入信息、中间生产参数和产出数据进行综合数学建模并开展综合寻优，而且也通过将对应的管理流程优化落地，打通跨职能协作，建立正向计划和逆向追踪机制，以及对应的问题解决方法和绩效指标，为决策执行提供可衡量的绩效标准。通过高阶分析模型与生产实际的紧密结合，突破了人工计算无法逾越的复杂度限制，真正实现了“大数据”指导生产管理优化。

应用二：数字化高炉

现代高炉的生产效率已经取得了长足进步，但实际生产中高炉炼铁工艺依然面临种种严峻挑战。这家钢企导入了“数字高炉”系统，包括：建立大数据高炉优化模型、指标与控制范围寻优、规范稳定日常操作。即将高炉各运行参数整合入数据库，运用大数据分析搭建高炉分析优化模型，实时预测铁水产量与质量，并提出参数调整建议，追求高炉生产的稳定性和经济性。随后，通过模型识别出高炉顺行关键指标，对各项参数进行“零成本零风险”优化组合实验，选取最优组合在高炉开展实测，确保模型预测数据与高炉实际数据的高度一致性，确定顺行指标合理控制范围。最后对高炉各岗位建立明确的岗位操作标准，并为重要的操作标准建立指标看板，实现可视化的业绩跟踪和问题解决，以强化员工的工艺操作纪律性，实现标准的落地。

应用三：数字化业绩管理

传统工业企业的业绩管理普遍存在不少短板，如流程复杂，追踪指标众多但结构不清；缺乏明确有效的效益和指标导向；以定性经验为主，定量分析不足；数据和信息分散。企业可尝试升级数字化业绩管理体系，即实现“理得清、计得清、算得清、管得清”。

“理得清”指通过建立并完善指标体系，可将公司效益指标和运营指标紧密关联，并分解到各层级运营KPI（关键业绩指标）直至岗位的KAI（关键行为指标，使各层级的所有运行调整，都以公司整体效益影响为关键决策依据。

“计得清”指升级数据系统实现全景运行数据平台，将公司数据平台系统联结各工序生产数据系统和各职能部室ERP模块，实现所有数据的时序汇总和海量存储。“算得清”是结合指标体系内计算逻辑，建立各层级业绩管理的用户界面，实现各级指标和信息的实时汇总、存储、计算以及目视化展示。“管得清”是升级业绩驱动的业绩管理和基于事实的问题解决流程，完善各级会议制度，通过数字平台更透明、直接和及时地展现业绩指标实际达成情况（数字和红黄绿区间），清晰体现目标、差距、问题、根因和措施，实现完整的闭环业绩管理。

通过在全价值配料、高炉操作优化和全公司指标管理等三方面的数字化实践，强力支撑了降本提效的持续推进，该钢企不但在2015年的钢铁行业寒冬中逆市保持盈利（见图1），成本也显著改善，2013年处于全球行业下游，2015年底处于上游（见图2）。同时为更广泛和更深入地推进数字化，该钢企也投入巨资成立数字中心，按计划在整体运营、生产调度、能效管理、设备管理、质量管理等多维度开展数字化提升。

图1 通过运营降本提效，2015年该钢企扭转行业颓势实现大幅盈利

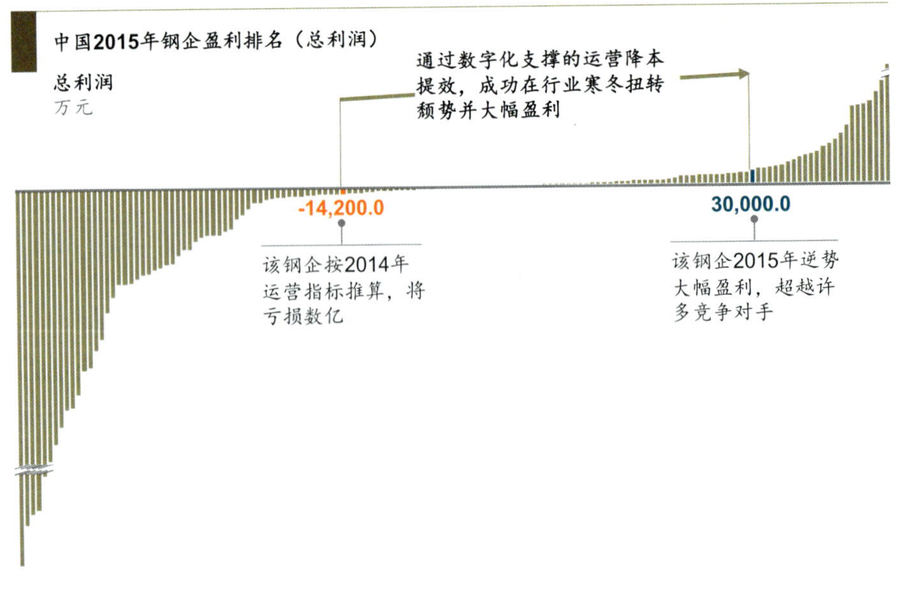

资料来源：中国炼钢网钢企2015年利润排名

图2 该钢企铁水成本在2013年处于全球下游，经过显著改善，2015年底跃至全球上游

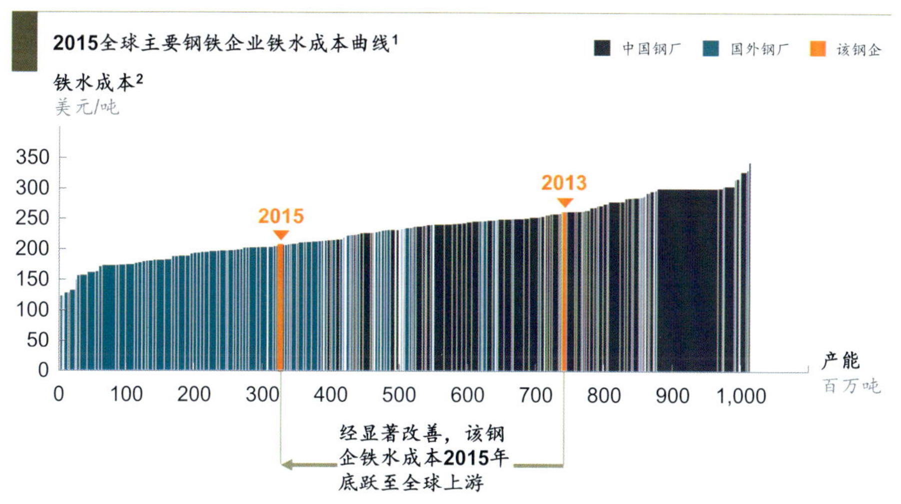

1 含原料、能耗、人力及其他
2 已将2013年铁水成本还原到2015年价格体系

资料来源：麦肯锡基础原材料研究院

这家传统钢铁企业选择了最合适的数字化切入主题和推进方案，不但更扎实地抓住了效益，也解决了当前运营和管理中的痛点问题，真正落实地了以企业目标和结果导向的管理文化、切实打通了跨部门多方协作、跨越实现了从依靠经验到依靠数字的科学管理，更是坚定了传统行业推进数字化转型的信心和决心，包括升级全新的数据中心、设备预防性维护、能效优化体系、全数字生产优化排产等。该钢企在这一过程中的经验和方法值得所有正在寻求数字化升级切入点和方案的中国企业了解、学习和借鉴。○

作者诚挚感谢同事赵钦、王凯和陈晨对本文的贡献。

孙俊信为麦肯锡全球董事合伙人，中国基础材料业务负责人，常驻香港分公司；
李元鹏为麦肯锡全球副董事合伙人，运营和组织转型专家，常驻上海分公司；
汪小帆为麦肯锡项目经理、资源有效型运营专家，常驻上海分公司；
宋志浩为麦肯锡项目经理，中国区采购运营业务负责人，常驻上海分公司。

大数据与先进分析

28 数据分析助力HR获取精确洞察

刘家明，夏辰安，郑小重，徐浩宇

31 探索数字货运平台新模式

黄赟，李元鹏，邵岷，冯聿娴

数据分析助力HR获取精确洞察

刘家明，夏辰安，郑小重，徐浩宇

薪酬并非影响组织绩效的最重要因素，下级员工对中高层领导的满意度对组织绩效产生的影响更为关键。

最近十年，大数据分析改变了众多企业运作的方式。首席市场官通过记录详细的购物模式和购物偏好来了解和预测消费者的行为。首席财务官通过实时、超前、综合的数据来摸清不同的业务。如今，首席人力资源官也开始利用人才模型试图解决各种人力资源问题。随着数据收集成本越来越低，员工的调查问卷，员工的代码行为，员工的社交网络内容等都可以用来对员工的绩效，招聘、流失率进行科学客观的分析。通过计算关键需求的数据得分可以对未来的分析投资进行优先排序。

如下图所示，某全球制药企业计划对一系列举措进行分析投资。其做法是先由高层对组织的六项关键需求（员工规划、人才挽留、招聘、业绩、学习和动力）按照数据的充足性进行评分，其中员工规划得分最高，其次是招聘和人才挽留，最后是业绩、学习和动力。根据此评分结果，企业应首先聚焦于员工规划的分析投资。

最近，我们将人力资源与大数据结合起来，为一家员工规模上万的互联网公司提供了包括离职预测、员工招聘和组织分析的一套大数据解决方案。令人力资源管理专家意外的是，这些数据分析的结果与他们的经验并不完全相符。

图 关键需求的数据质量能帮助HR了解未来分析投资的轻重缓急

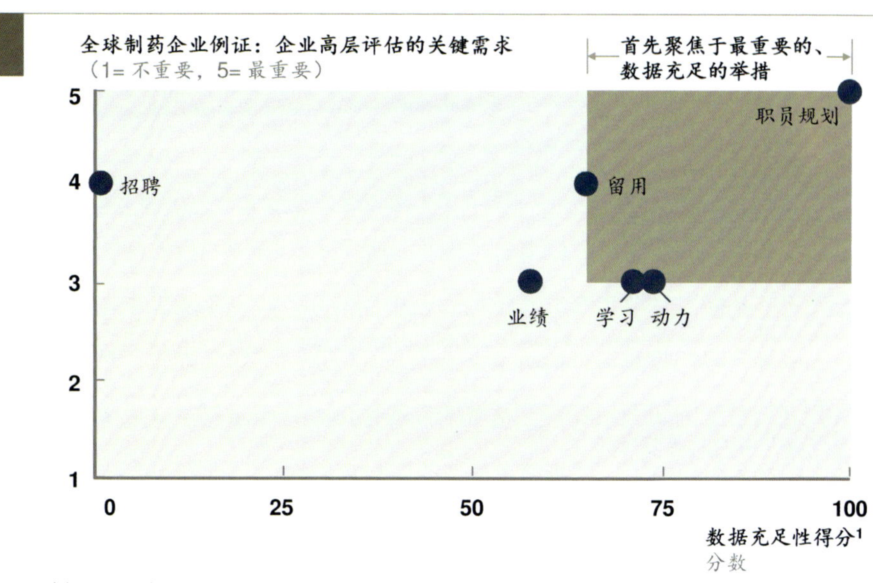

1 取决于多个数据点的可获得性和质量的加权得分

资料来源：麦肯锡人员分析充足性与路线图（PARR）诊断

简历筛选，提高招聘效率

即使是抱着最公正心态的招聘官难免也会带着无意识的偏好和偏见，大数据分析方法有助于去除偏见和干扰。我们通过数据更公正地分析实际情况，提出客观的解决方案。我们收集了不同维度的员工信息，包括年龄、教育背景、工作年限，校招/社招等，结合大数据算法找出入职后较易在岗位上取得成绩的员工。

该公司招聘标准之一是高学历，而大数据分析给出了另一种答案。我们的分析结果发现， 高学历的学生（985大学的研究生）的确可以在岗位上取得很好的成绩，211大学的本科生同样并不逊色。通过进一步深入分析我们发现，由于本科生的入职时间较早，逐步积累工作经验可以达到研究生的绩效水平。同时，分析结果也显示，虽然整体来讲，员工入职前工龄越长，入职后初期表现就越好。但相对于工龄长短，前任职位工龄更具有决定性作用，也就是说，在前任职位踏实工作较长时间的人，更换雇主后表现通常较好。深入分析表明，前任职位任职时间短，即刚刚获得晋升就更换雇主的人群，通常并不是单纯以职业发展为目标，其间也会掺杂其他想法（例如，凭借前任雇主的较高职位，向下一任雇主争取更高薪酬），因而难以对工作做到自始至终的全身心投入，影响了工作表现。

组织分析，提高组织绩效

某些部门的整体绩效低下也是困扰该公司人力资源专员的问题，他们首先想到可能是薪酬竞争力不够导致工作积极性不高，或者团队太年轻导致经验不足。同样，我们收集了包括员工个人信息（学历、工作年限），员工所在的团队信息（员工团队大小等），员工的满意度调查（中高层满意度等），运用算法来挖掘各组织特点，分析绩效低下的深层次原因。

通过分析大数据模型，一项出人意料的结果浮出水面，薪酬并非影响组织绩效的最重要因素，下级员工对中高层领导的满意度对组织绩效产生的影响更为关键。通过对组织的分析，我们发现，成员平均年龄小且中高层满意度高的团队取得的成绩往往更突出。这些团队更有活力，容易在领导的带领下高效完成团队目标。而员工经验丰富的团队如果对中高层满意度低，则倾向于各自为战， 不能团结一致。

四位作者衷心感谢同事张文、宋世研和童潇潇对本文的贡献。

刘家明为麦肯锡全球资深董事合伙人，常驻香港分公司；
夏辰安为麦肯锡全球董事合伙人，常驻香港分公司；
郑小重为麦肯锡项目经理，常驻北京分公司；
徐浩宇为麦肯锡咨询顾问，常驻上海分公司。

探索数字货运平台新模式

黄赟，李元鹏，邵岷，冯聿娴

创新的数字货运平台解决了传统货运和快递企业的痛点。

共享经济的迅速发展带动了传统货运领域的创业潮。近几年国内外涌现出了一大波基于互联网的数字货运平台。据Armstrong & Associates[1]统计，2011年至今，全球货运平台类创业公司吸引了1.8亿美元的风险投资。在中国，货运平台类APP近两年猛增至200多家，既有互联网科技类公司创建的，也有物流实体公司运营的。

数字货运平台主要利用网站或者手机APP，匹配货主的运输需求和车主的闲置运力，以解决货运市场运价不透明、运力分配不均等问题。数字货运平台可细分为三大类：一是城际之间干线运输的车货匹配平台，如Getloaded和货车帮等；二是针对同城货运市场，如Uber Cargo和1号货的等；三是利用兼职人员完成最后一公里快递配送，如Amazon Flex和京东众包等。

其实早在2000年初上一轮互联网热潮时，就出现过为数众多的货运平台。时至今日，大部分平台已消失。国内近期也陆续出现货运APP难以为继的情况。我们认为，缺乏货源，只能依靠大量补贴来保证平台活跃度是根本原因。而缺乏货量的原因主要如下：

现有的货运平台多为独立的创业公司，没有基础货源，只能通过线下渠道推广或者大量补贴吸引货主，从运输企业和中介手中争取货源。

1 引自Armstrong & Associates 2016年发布的Digital Freight Matching报告。

由于公路货运市场总体供大于求，货少车多，令货运平台吸引货源愈加困难。简单复制客运出行APP的模式，难以吸引货主和车主。相较于客运出行，货运平台面对的运营模式更为复杂，一方面干线运输、同城货运和快递的货运需求迥异，另一方面在支付、收货等方面需要更强有力的背书。

如何解决货源不足的难题？我们认为，货运平台需要从“与货运企业争抢货源”转变为“与传统货运企业同生共荣”。理解货运痛点，借助平台解决其核心问题。

缺乏货源，只能依靠大量补贴来保证平台活跃度是根本原因。

如下图所示，货运各个环节都面临车辆载运率低和高峰时期自有运力不足的困难。针对各个环节的痛点，货运平台可以将货运/快递企业的线下需求放到线上平台，利用社会闲置资源帮助其解决难题。例如，快递末端配送环节，在现有运力不足的地区通过平台寻找兼职快递人员；同城货运环节，利用货运平台寻找货源，增加现有车辆载运率；城际干线运输环节，将高峰期的货运需求发布在货运平台上，采购社会运力，并确保运价透明合理。同时，货运平台也可依托货运企业的货量保持平台活跃度，实现双赢。

图 创新的数字货运平台解决了传统货运和快递业的痛点

	货运企业的痛点	货运平台的价值
A 快递收寄件	▪ 偏远地区快递员不足 ▪ “双十一”等高峰期缺少快递员 ▪ 最后一公里配送难题	▪ 利用兼职人员完成最后一公里配送，补充现有运力的不足和波动
B 同城货运分拨	▪ 同城货运配送车辆普遍面临载运率低的问题	▪ 利用兼职人员完成最后一公里配送，补充现有运力的不足和波动 ▪ 建立运力共享基地 ▪ 减少运力浪费，加快同城货运速度
C 城际运输	▪ 返程载运率低 ▪ 运价波动，不透明 ▪ 高峰期运力严重不足	▪ 吸引返程货源 ▪ 确保运价透明，运力采购价格合理 ▪ 更灵活地调配社会闲置运力

作者向对本课题做出贡献的同事梁结茹和王乾源致以诚挚的谢意。

黄赟为麦肯锡全球董事合伙人，常驻深圳分公司；
李元鹏为麦肯锡全球副董事合伙人，运营和组织转型专家，常驻上海分公司；
邵岷为麦肯锡全球副董事合伙人，常驻上海分公司；
冯聿娴为麦肯锡知识专员，常驻上海分公司。

数字商业

36 数字全球化时代的五个关键问题
Jacques Bughin，Susan Lund，James Manyika

42 客户争夺战：数字时代的中国银行业
倪以理，曲向军，Miklos Dietz

45 “科技泡沫”又来了吗?
David Cogman， 刘家明

数字全球化时代的五个关键问题

Jacques Bughin，Susan Lund，James Manyika

如今数据流动对贸易和经济的影响日益深远，给管理者提出了必须应对的新问题。

全球化曾以跨境商品贸易和金融活动为主要衡量标准，而如今与数字化的融合日益紧密。电子邮件、社交媒体、电子商务、视频等媒介每分每秒传递着海量的数据和信息。在数字化网络遍布全球、连接你我、关系万物的时代，何谓全球化企业？这个问题值得企业再思考。为此，我们衡量了数字全球化变革的影响，并指出了管理层和领导团队应着手应对的五大关键区域。

数据流下的全球贸易

为了衡量数字全球化的经济影响，我们利用全球97个国家的商品、服务、金融、人员和数据的流入和流出数据，构建了计量经济模型[1]。研究发现，十多年来上述流动共拉动了全球约10%的GDP增长，仅2014年总价值便高达7.8万亿美元。其中数据流直接创造的价值为2.2万亿美元（占总值的近1/3），高于外商直接投资；此外，数据流还通过间接促进其他类型的跨境交流，为全球经济创造了2.8万亿美元[2]。因此，综合考虑其直接和间接作用，数据流对GDP的贡献已超过全球商品贸易。在短短的15年间，跨境数据流从几乎可以忽略不计增长至此，实在令人惊叹。这十年来，宽带使用量暴增45倍，支撑起生机勃勃的商业活动，预计在未来五年还将增长9倍（详见下图）。

1 数据时间为1995至2013年，这期间大多数国家有明显的移民流入和流出。
2 我们保守估计其他流动对GDP的影响中有12%来自数据流，相当于额外的6000亿美元（2014年）。

图 全球数据流动与交流

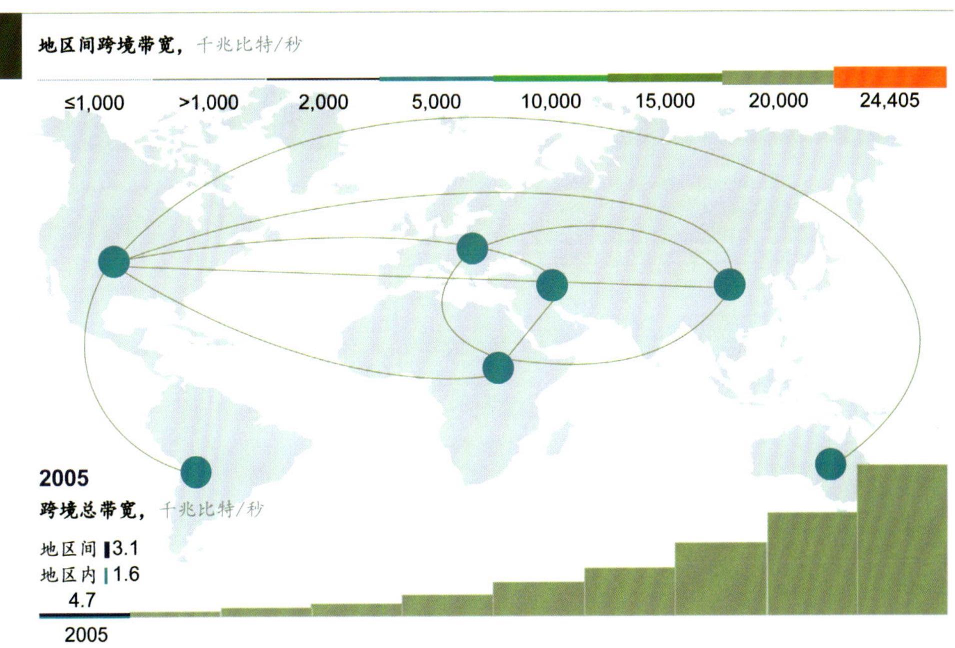

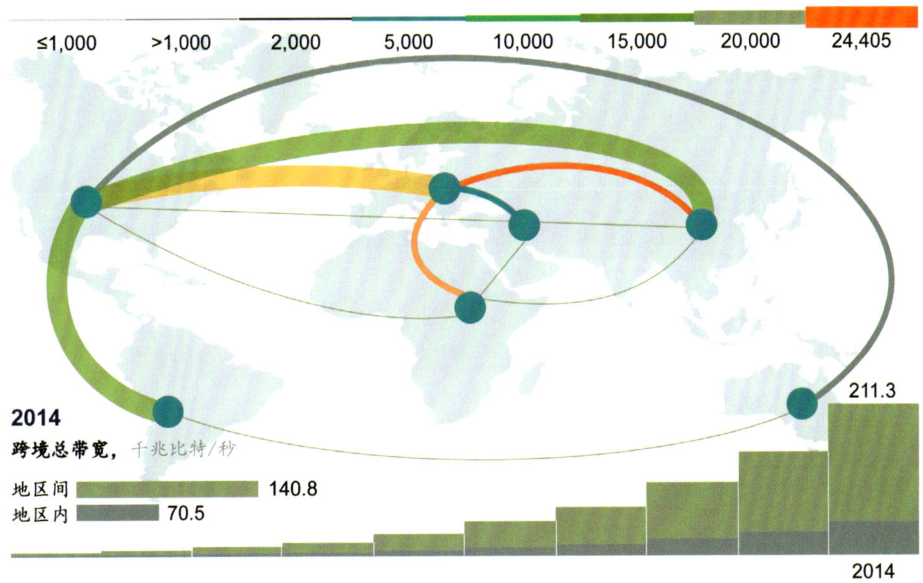

资料来源：麦肯锡分析

数据流不仅创造价值，还改变了传统商业。全球一半的服务贸易已经数字化，该比重还在不断增长。12%的全球商品贸易也是通过国际电子商务实现的[3]。此外，Airbnb、TripAdvisor等网站还为人们提供便于出行的信息，说明数字化可促进人员流动。

另一方面，商品贸易的增长却渐趋平缓。主要原因为需求疲软和商品价格大幅下跌，此外金融危机也有影响，自危机后制成品和中间产品的贸易都陷入停滞。同时，众多公司正在重新评估长供应链带来的管理风险和复杂性，更加注重产品投入市场的速度和其他业务成本，对劳动力成本的关注相应减少，因此会在消费量大的国家增加生产。未来，3D打印技术将进一步颠覆国际贸易。

开放平台、虚拟商品和“数字化包装”

大企业纷纷搭建平台管理供应商、联系客户、方便内部交流和信息共享。一些为内部专用，但规模最大、最出名的仍是开放平台：电子商务、社交网络和数字化媒体平台不断扩展，联系着亿万名全球用户。

这些开放平台蕴含着可观的客户基础，使企业直接与客户互动，同时打造透明高效的全球市场：消费者只需轻点鼠标，便可获取产品、服务、价格和全球各地供应商的详细信息。减少了中间环节和中介，大幅提高了市场效率。此外，得益于数字化平台，主营数字化产品和服务的企业无需实体网点，也能进军新的全球市场。数以百万中小型企业得到新的出口渠道。例如，eBay调查了18个国家后发现，88%~100%不等的中小企业依靠eBay平台出口，而在传统企业中该比例不足25%。

电子书、应用程序、网络游戏及音乐下载等虚拟产品和流媒体、软件及云计算等虚拟服务的贸易也逐年扩大。3D打印技术的成本降低将带来贸易新领域——也许日后，企业只需发送电子文件，商品便可在当地打印生产。实际上，现在不少企业已经在边远地区3D打印零部件和替换件。

许多企业利用数字技术“包装”产品和服务，从而提升价值。以物流公司

3 在自贸区政策的鼓励下，中国成为跨境B2B商贸领域的佼佼者。除了领头羊阿里巴巴以外，还有刚上线yiwubuy.com的浙江中国小商品城集团，以及买下globaltextiles.com的浙江中国轻纺城集团。

为例，可以利用传感器、数据和软件追踪运输过程。某项研究发现，射频识别技术（RFID）可节省高达七成的库存成本，大幅改善效率。在德国的案例研究（样本包括宝马和惠普）显示，该技术减少了11%~14%的运输损失[4]。

开启数字化探讨

20世纪全球化的商业模型在数字时代或已不再适用。企业领导者在权衡得失利弊时，可从以下五个问题入手，开启数字化讨论。

1. 我们是否清楚竞争现状?

数字化平台打破了规模和地域的限制，让更多企业可以迅速推出产品、扩展新市场，竞争因此日益激烈。亚马逊现有200万第三方商户，而阿里巴巴平台更是吸引了1000万商家。美国大型跨国企业占总出口的比重已由1977年的84%降至2013年的50%，体现了该国最为明显的趋势——“微型跨国公司”蓬勃发展。全球各地的新兴数字化公司参与到竞争中，带来了价格压力，使得产品周期缩短了。

2. 我们是否有足够的竞争资本和能力?

建立数字化平台、线上客户关系和数据中心不再是互联网巨头的专利。例如，通用汽车正在改革其核心制造能力，希望借此引领物联网技术。各行业的企业都应当重新审视手中的资产（包括客户关系和市场数据），探寻获利新途径。为此，企业需要先进的数字化能力，才能占据主要的竞争优势。至于尖端技术人才短缺的问题，可以利用线上人才平台，从更广阔的全球化劳动力市场寻找千里之外的人才。

3. 能否简化产品战略?

过去，企业针对不同地区市场提供定制产品、服务或区别定价时，常面临

4 Nabil Absi，Stéphane Dauzère-Pérès，Aysegul Sarac，A literature review on the impact of RFID technologies on supply chain management（无线射频识别技术对供应链管理的影响文献综述），*International Journal of Production Economics*，Volume 128，Number 1，2010年11月。

种种困难，而数字化大大便捷了这一流程，另外也简化了全球产品的种类。多家汽车制造商纷纷朝这方向努力；苹果iPhone和iPad系列不论在哪里买，设计和品牌全球统一；Airbnb、Facebook和Uber也是一样，在开辟新市场时未做过多因地制宜的调整，而是复制原有的数字化平台模式。媒体和消费者技术产业能够全球同步发行产品，主要得益于社交平台和其他数字化平台让人们无论身处何处，都可即刻了解其他国家的更新内容。因此，这种同步发行机制可能使产品以前所未有的规模迅速流行。一言以蔽之，审慎权衡产品定制化愈发成为高层领导考虑的重中之重。

媒体和消费者技术产业能够全球同步发行产品，主要得益于社交平台和其他数字化平台让人们无论身处何处，都可即刻了解其他国家的更新内容。因此，这种同步发行机制可能使产品以前所未有的规模迅速流行。

4. 企业组织和供应链是否有待改善?

借助远程协作和即时通信工具，企业可集中某些散布在全球的职能部门（如后台营运部门或研发中心），跨越国界打造虚拟的全球团队，甚至完全抛弃只有一个全球总部的传统模式。例如，联合利华通过技术解决方案，精简了40条全球服务线，组成虚拟交付团队，让身处世界各地的团队成员可以在视频会议上讨论交流[5]。

同时，数字化技术正在重塑产业链。数字“控制塔”能时刻捕捉复杂供应链的动态，让各地供应商实时协作。在数字化的今天，产品投入市场的速度愈发重要，促使企业重新评估冗长复杂的供应链带来的利弊；供应链的物流成

5 Pascal Visée，“The globally effective enterprise”，McKinsey.com，2015年4月。
6 Change in the (supply) chain，United Parcel Service，2015，ups.com

本、交付周期、生产力、与公司其他运营部门的毗邻程度成为更重要的考虑因素。近期一份UPS调查显示，约1/3的高科技公司将生产或组装厂址迁至更靠近终端用户市场的地区[6]。随着3D打印技术的普及，更多企业将重新考虑制造选址，最终或将重塑全球制造价值链。

5. 有何新风险?

对各行各业而言，确保数据安全始终是当务之急。黑客技术日新月异，要做到“魔高一尺，道高一丈”绝非易事。可考虑以下应对措施：优先保护信息资产；定期测试信息安全性；向一线员工强调基本的保护措施。此外，企业曾经对新产品、新服务的专属权利已被全球竞争和网络打破，如今可能在原创企业还未批量生产时，山寨版便已登陆新市场。

• • •

数字化对全球经济的影响日益深远，数字化竞争也常常不分国界。如今数字化工具为成立、管理企业的全球业务带来了新契机，企业领导者有必要重新审视长久以来对企业全球竞争力的既有看法。○

请至www.mckinsey.com阅读并下载报告全文Digital globalization: The new era of global flows.

Jacques Bughin是麦肯锡全球研究院(MGI)的资深董事，麦肯锡全球资深董事合伙人，常驻布鲁塞尔分公司；

Susan Lund是麦肯锡全球研究院的研究总监，常驻华盛顿分公司；

James Manyika为麦肯锡全球研究院的资深董事，麦肯锡全球资深董事合伙人，常驻旧金山分公司。

客户争夺战：数字时代的中国银行业

倪以理，曲向军，Miklos Dietz

银行应以客户需求为核心，提供便捷、贴心的客户体验，同时通过数字化改造逐步将自己转型成为低成本的敏捷组织。

数字化技术正在蚕食银行业最诱人的蛋糕， 它是造成银行利润率下滑的重要原因之一。麦肯锡预计到2025年，以受到冲击最大的零售银行业务为例，消费金融、支付、财富管理和房屋抵押贷款业务的利润将分别下滑60%、35%、30%和20%（见图）。值得注意的是，数字化技术低成本、透明化的特点大幅降低了各业务领域的行业利润水平。因此，银行不得不通过降

图 五大零售业务的价值面临重大风险

银行收入和利润截至2025年的预期“价值风险”

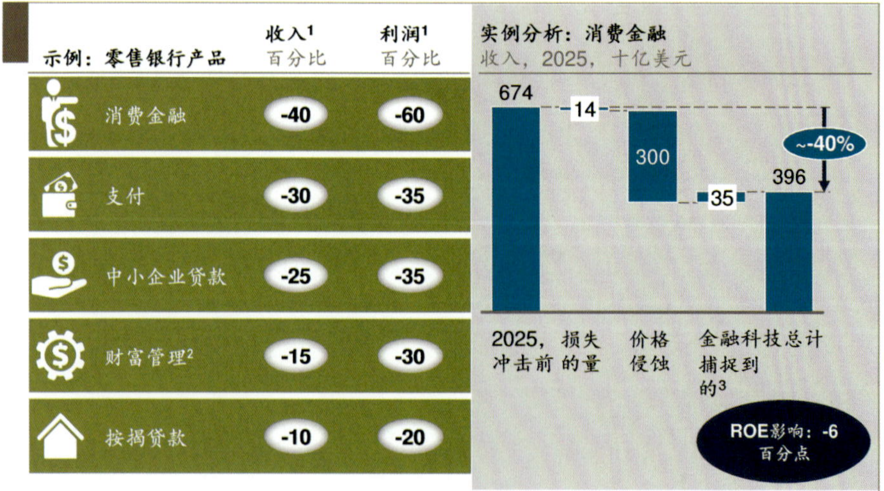

1 和不受金融科技及数字化冲击的2025年预测相比；利润包括作为数字化的结果所带来的存款对运营成本的影响；收入是指风险成本后收入；利润是税后利润；数字已经四舍五入

2 不包括存款

3 包括目前尚未开设银行账户的细分

资料来源：麦肯锡全景

价来维系客户，同时还不得不背负原先的沉重负担。因此数字化技术对银行利润的冲击将甚于对其收入的影响。

让我们把目光转向中国，过去10年，随着中国经济的腾飞，中国银行业成为助推全球银行业价值创造的核心力量，其利润占比从2005年的5%提升到了2014年的25%。但是其增长态势在2012—2014年明显放缓，仅为8%，远低于2005—2012年30%的年复合增长率。除了经济增速放缓和资产风险提升，利率市场化和互联网金融也正在迅速蚕食中国银行业的收益水平。整个行业的ROE水平也从2013年第一季度的21%，跌至2016年第一季度的15.93%。

值得庆幸的是，中国银行业还有削减成本这柄利剑来应对未来收益率水平的持续下滑，但是数字化技术带来的冲击仍然值得银行业人士的高度关注。因为相比欧美，中国的银行业和资本市场还处在发展阶段，互联网金融浪潮的潜在冲击可能更具颠覆性。

银行应该如何驾驭数字化潮流呢？我们的建议是必须向金融科技和互联网巨头的核心竞争力发起强有力的挑战，即以客户需求为核心，提供便捷、贴心的客户体验，同时通过数字化改造逐步将自己转型成为低成本的敏捷组织。银行必须充分发挥数据和客户资源方面的最大优势，并重建信任。只有拥抱数字

革命的银行才能击退挑战者的进攻，并打败行动迟缓的老牌企业，最终迎来辉煌的成功。

要达成以上目标并不容易，首先必须将客户放在首位，重新思考和制定清晰的全行数字化战略，明确未来银行在数字化变革中的独特定位：是专注于某个细分业务领域还是成为生态系统的营造者，是向下游延伸触角成为贴近客户的社区银行还是回归上游成为专业的资金提供者。

其次，必须建立规模化的数字能力，构造能够支撑未来银行转型的IT和大数据架构，建立高效、低成本的运营体系，打造以机器学习为基础的风险管理系统，构建以大数据分析驱动的营销流程。

最后，银行必须搭建能够激发创新、支持创新和管理创新的组织架构，从驱动银行内部数字化转型，新型数字业务孵化和跨业拓展这三个维度出发引领数字化转型。o

本文改编自《麦肯锡全球银行业2015报告》，您可至www.mckinsey.com阅读并下载报告全文。

作者诚挚感谢同事Somesh Khanna、Tunde Olanrewaju、Kausik Rajgopal和马奔对本文的贡献。

倪以理为麦肯锡全球资深董事合伙人，常驻香港分公司；
曲向军为麦肯锡全球资深董事合伙人，常驻上海分公司；
Miklos Dietz为麦肯锡全球资深董事合伙人，常驻温哥华分公司。

“科技泡沫”又来了吗？

David Cogman，刘家明

公开市场和私募市场对科技公司的估值似乎并不一致。

现在科技公司上市前的高估值引发了广泛担忧，不免令人回想起世纪之交时关于科技泡沫的争论——并且扩大到了媒体业和电信业。2016年第一季度，尽管“独角兽”（估值10亿美元以上的初创公司）的数量在持续上升[1]，风投对美国科技公司的投资却急剧下降。

7年之前，没有一家风投投资的公司在上市前估值达到10亿美元，而现在市场上已经有14家估值100亿美元的“超级独角兽”了。还有一点值得注意的是，这些“独角兽”大多是未上市的私有企业，而非公开上市公司。这也与世纪之交时的情形类似。同时再从全球的角度来看：中国科技业的创新与发展的

1 Scott Martin, *Startup investors hit the brakes*, 2016年4月14日, wsj.com.

势头也远胜于2000年[2]。

到现在为止，大部分公开市场对科技公司的估值还算合理——甚至可能稍低于历史标准。私募市场的估值下降对公开市场的影响并不会太大。而且中国市场和美国市场的情况也完全不同。本文将深挖基本面，分析这些未上市科技公司的强项，以及近几年涉足其中的风投资金。

历史的教训

2000年的科技泡沫很明显来自公开市场。1998年初，科技公司的估值要比普通市场高40%，2000年初，科技泡沫达到峰值，估值超了165%。然而当时风投最大的初创科技公司上市估值也才60亿美元左右——按今天的标准看只是个小数字。而且，很大一部分估值过高的并不是互联网，而是传统的电信公司——电信行业从1997年到2000年的总价值增长了250%。

总体来说，尽管首次募股的发行价一直在稳步提高，2015年上市科技公司估值过高的情况却极少出现。其平均市盈估值为20倍，只比普通市场高10%，并且自2010年后就一直相对稳定地保持在这个水平。

在过去20年，科技公司平均估值溢价达到了25%，有时比这高。以历史标准来看，的确算是较低。在2000年科技和电信泡沫时期，全球科技业市盈估值达到最高点（将近80倍），是其他板块的3倍以上，而在2001年泡沫破灭后的5年，比其他板块高了50%（见图）。到目前为止上市公司并未出现明显的泡沫迹象。

从增长预期来看，这些公司的估值溢价也并不比普通市场高多少。更高的市盈率主要是因为人们对这些公司的收益和利润有信心。当然乐观预期有可能是错的，但至少市场保持了一致。

中国的情况却是例外，对其股市估值尤其需要谨慎观察。在2008年前，中国科技公司估值溢价比普通市场高50%到60%，自那之后飙升到了190%。部分原因是中国互联网市场要比美国大，增长速度也更快。同时中国政府为

2 160多家未上市独角兽公司中的绝大部分都位于美国和中国。参见：“独角兽公司清单：估值超过10亿美元的私营企业”； CB Insights；实时更新，cbinsights.com.

图 从全球范围看，目前科技公司估值在公开市场和普通市场上基本一致

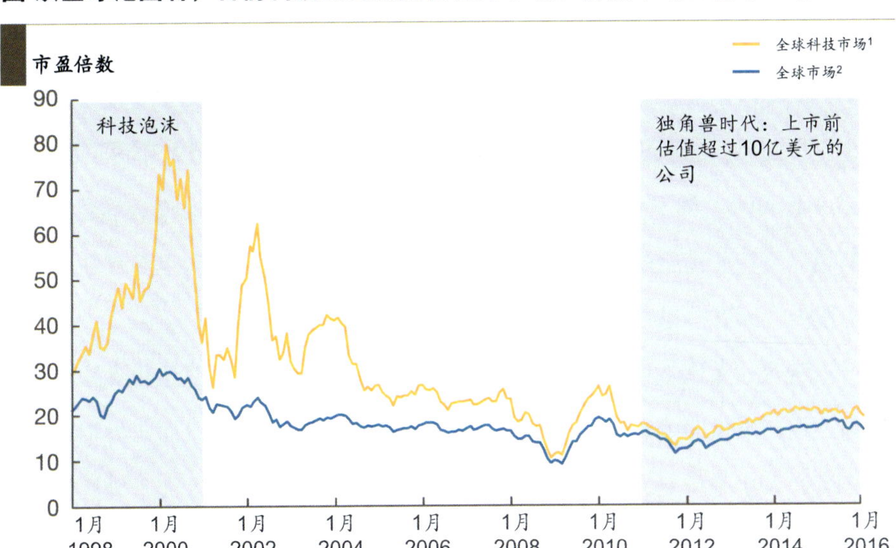

1 392家上市科技公司指数
2 7115家上市公司指数

资料来源：Datastream

接下来的几年制定了宏伟计划，将大力发展硬件价值链上价值更高的环节[3]。再者，中国民营企业的发展也非常迅速。过去5年里，很多新上市的科技公司为民营企业，而且在科技业中，民营企业的估值一直比同类国企高50%到100%。

这次真的不一样吗？

此轮与2000年的最大不同主要在私募市场，以及公司如何上市。

直到2009年才出现第一家上市前估值超过10亿美元的公司，而当下大部分独角兽公司只花18个月就能达到这个估值水平。从地理分布看，35%左右位于旧金山湾区，20%在中国，还有15%在美国东海岸。

随着"独角兽"越来越多，融资与估值也发生了显著变化。上市前的融资次数变多，从2013年到2015年风投的投资规模提高了2倍以上，这段时间的平

3 *China said to plan sweeping shift from foreign technology to own*，彭博社，2014年12月18日，2014, bloomberg.com.

均交易规模与交易数量均创历史新高。每轮融资的估值增长也极富戏剧性：有些中国公司在一年内估值就增长了5倍。

不管新商业模式“成色”如何，目前可以确定的是风投手握极为可观的现金。目前风投未投资的承诺资金已从2012年的1000亿美元上升到了2015年的1500亿美元，创下有史以来的最高纪录。风投的投资范围比收购基金、房地产基金以及特殊基金的灵活性要小得多。很多风投基金的活动范围都在同一波潜力股内，而有些风投投资则局限在邻近区域内。

随着一系列新投资人的加入，有些基金的有限合伙人开始想直接投资上市前公司，风投的流动性因此有所提高。这也使科技公司得以面向投资机构和高净资产人士进行更大型的上市前融资。这部分投资人规模远大于风投行业，这样就可以拉长所投公司的上市准备期。当然，这些投资是临时性的，最终会通过上市或转让的方式退出，因此不能无限期地延续。

如此一来，需谨慎看待未上市的独立初创公司的估值，它们给风投带来的实际回报变动很大，交易条款里的保护性条款和估值都会影响到回报。在估值较低的融资中（后期投资人加入时估值比上一轮低），这些条款在决定投资人如何分配收益上至关重要。

首次公开募股的障碍

私募市场并没有与公开市场完全隔绝：比如，风投投资的公司最终必须上市或者卖给上市公司。私募市场与公开市场的估值差异最终总会消失——要么是通过首次公开募股逐步拉低价格，要么是上市前估值突然大跌。

第一种情况更为多见。有些后期投资人，如富达风投（Fidelity）和T. Rowe Price已经减少了对多家独角兽公司的投资，初创企业在首次公开募股时筹集到的资金也经常比上市前的估值更少。鉴于这些估值依然很高，2000年的悲剧并没有重现。不管最后收益如何分配，公司依然保持独立和公开上市。

科技公司私有的时间也平均长了3倍[4]。很多公司打算实现会计利润后再上市。从2001年到2008年，达到盈利后上市的科技公司不到10%；从2010年

4 Jeremy Abelson与Ben Narasin, *Why are companies staying private longer?* Barron, October 9, 2015, barrons.com.

起，有将近50%的科技公司实现了收支平衡。自20世纪末的科技泡沫以来，选择上市的公司数量一直相对稳定。但上市时这些公司的资本估值却比过去5年增长了2倍以上，由此也可以看出这些首次公开募股的公司规模更大也更成熟。

这些公司在上市后的表现如何？在过去3年里，61家估值超过10亿美元的科技公司上市了，其中中型公司的交易价仅比发行价高了3%。很多“独角兽”估值变得更低，包括一些知名公司，如美国的推特和中国的阿里巴巴。

地理维度

目前上市前的科技公司的地理分布要比2000年分散得多，美国和中国最为集中，到底哪个更胜一筹？以互联网公司为例，目前上市互联网公司的总市值为1.5万亿美元左右。其中，美国公司占了2/3，其余大部分都是中国公司（大多是在美国上市），其他国家的上市互联网企业数量加起来都不到5%。

不同地区独角兽公司的区别揭示了原因。100多家美国和中国的独角兽公司中，只有14家之间有重合的投资人，两家公司——小米和滴滴出行——占了独角兽公司总估值的2/3。3/4的中国独角兽公司来自互联网行业，而在美国这个比例只有不到一半。由于两国互联网市场的监管不同，两国独角兽公司所服务的用户群也有所不同。

现在仍无法看出到底哪个优势更大。中国互联网公司所面对的本地市场非常庞大，用户数量是美国的2倍以上。中国的电商市场要比美国大得多，增长速度大概是美国的3倍。中国的三家互联网巨头百度、阿里巴巴和腾讯，已经投资了很多本土“独角兽”，使这些公司获得了更便捷的亿万级用户平台。

中国的独角兽公司以中介类最多（作为其他公司服务的渠道或转卖机构，

并从中抽取收益的初创公司），大概约1/3是中介类公司，而美国只有1/8。最后，美国的初创公司能更快适应全球用户。尽管中国已有几家科技公司成功登上全球舞台，如华为、联想、中兴等，但在过去五年成立的公司里，成功的案例极少。

• • •

尽管今天的科技初创市场和2000年相比有很多不同，但都被认为新科技和新业务可以刺激经济变革。在估值过高的情况下，私募市场会更脆弱。但是，看问题的角度也非常关键。美国与中国的股市市值仅在2016年1月就下跌了2.5万亿美元。所有独角兽公司最后一轮融资加起来的总值将近0.5万亿美元，如果这次市场出现纠正的话，那么这一轮似乎会比上一轮的科技泡沫更温和。

David Cogman（岑明彦）为麦肯锡全球董事合伙人，常驻香港分公司；
刘家明为麦肯锡全球资深董事合伙人，常驻香港分公司。

海外并购

54 构建卓越的海外并购能力
徐浩旭，洪晟，孙俊信，**David Cogman**

构建卓越的海外并购能力

徐浩洵，洪晟，孙俊信，David Cogman

企业必须及早规划好强有力的战略，并基于此形成有效的并购策略和积极的目标搜寻计划。并购后管理同样需要及早着手准备，保持与交易同步。

过去五年，中国企业掀起了海外并购大潮。从交易规模看，2010年达成324宗交易，交易总额为500亿美元，2015年为611宗交易，交易额为1070亿美元（包括待审批和已公布的交易），年均增速高达17%（见图1）。

图1 并购是中国企业进行全球扩张的重要途径

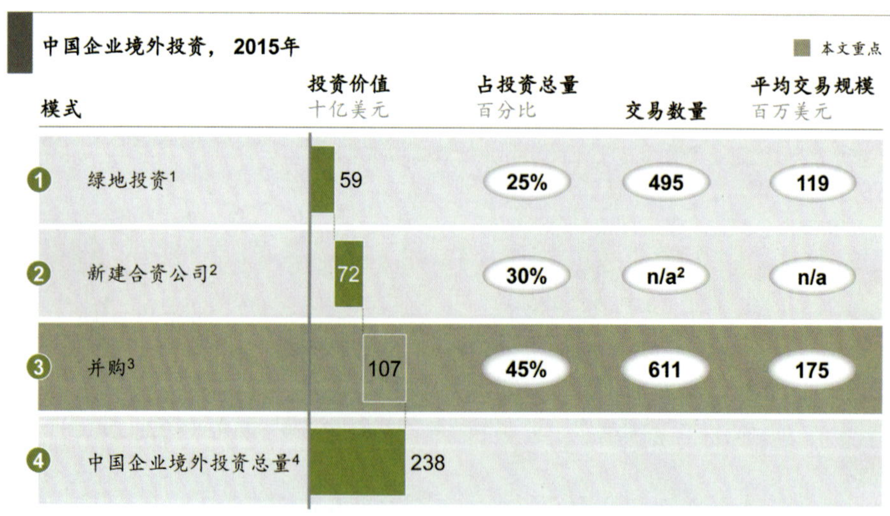

中国企业境外投资，2015年 ■ 本文重点

模式	投资价值 十亿美元	占投资总量 百分比	交易数量	平均交易规模 百万美元
1 绿地投资[1]	59	25%	495	119
2 新建合资公司[2]	72	30%	n/a[2]	n/a
3 并购[3]	107	45%	611	175
4 中国企业境外投资总量[4]	238			

1 已公布交易价值的绿地投资，含新投资项目和现有项目的重大扩展

2 合资公司只包含有新的第三方合资实体成立（绝大部分为非上市公司，无财务数据披露义务）以及公布交易价值的交易，没有完全交易数量的统计结果。未对交易价值进行人工核对

3 并购只包含公布交易价值的完成或未完成的交易根据新闻检索估计。

4 截至2016年5月26日，商务部尚未发布2016年中国企业境外投资总额

作为我国制造业转型升级重要途径的先进制造业，其海外并购增长迅猛，交易占比在2015达19%，2010—2015年的年复合增长率达25%，交易数量和

交易金额双双持续增长。成为继金融服务业之后第二大行业。细分来看，先进电子和汽车及零部件为最大板块，标的企业在欧洲的最多。

然而，与欧美企业相比，中企的并购实施和管理能力仍存在明显差距。分析中国企业海外并购三年后和五年后的股票表现可以发现，中国海外并购的超额股东投资回报率分布范围要比欧美宽很多，这说明中资收购方的能力差别很大（需要注意的是，我们仅包含了目标公司的市值超过收购方市值5%的交易）。事实上，很多投资者对中企全面实现协同效应和成功整合目标公司的能力有所质疑。

中企在海外交易各个环节中最常遭遇六大挑战。我们的全球研究表明，系统化企业（即展开“连续收购”和每年平均完成三宗收购案的企业）的表现远优于那些仅选择性展开并购或者仅依靠有机增长的企业。

我们认为，并购并不仅仅指执行阶段，还包括并购前和并购后。企业必须及早规划好强有力的战略，并基于此形成有效的并购策略（并购能补上企业的哪些短板？）和积极的目标搜寻计划。并购后管理同样需要及早着手准备，保持与交易同步。大多数失败的并购案并不是因为出价过高，而是因为并购后管理不到位——要么管理缺位，要么管理不当。

文化通常是并购后管理中最具挑战性的方面。解决文化问题的最关键一步是取得最高管理层的共识，就公司日后的共同价值观和战略议程达成一致。为此，应先对收购方和目标公司的现有文化及价值观进行诊断（现在是什么状态？），以此作为取得最高管理层共识的出发点和变革的优先主题（未来想要实现什么目标？），并据此设计变革方案，并在整个组织内分解落实（为达到目标需要做些什么？）。

我们设计了一个并购“十项小测试”（见图2），企业可以据此判断自己的并购能力。

图2 十项并购能力测试

1	您的并购策略是否具备清晰、可执行的主题？	...还是您的并购策略随着交易的不同而改变？
2	您在交易流程中是否积极主动？	...还是您通常被动应对到来的交易？
3	您是否将企业独特优势清晰地传达给了目标公司？	...还是您只考虑目标公司能够为您带来哪些好处？
4	您开展的尽职调查能否验证战略目标的合理性？	还是您的尽职调查只是一个“调查”清单，与战略目标无关？
5	您制定的并购执行流程是否足够清晰和结构化，足以指引您做出决策？	...还是您每次都重新制定流程？
6	您的整合规划和执行计划是否帮助您实现了最初的目标？	...还是在完成交易或有人提出问题后，您才制定整合方案和执行计划？
7	您是否拥有合适的负责人以及合适的支持者？	...还是您发现将企业责任及交易责任相统一具有挑战性？
8	你们的管理团队是否清晰地了解其职责和责任？	...你们的管理团队在其各自职责和责任方面是否存在冲突？
9	您能否明确解决交易流程中产生的决策偏见？	...还是您通常将之前的经验应用到交易流程中？
10	您是否拥有一套结构化的方法来获得经验？	还是您不断堆积工作，却不积累经验？

资料来源：麦肯锡

请注意有几项内容是实现卓越并购的先决条件（即“基石”）。即使企业未能通过全部10项，但并购前一定要满足“基石”条件。它们可以概括为以下四项基本内容：

- 战略：围绕少数主题的并购策略，与企业战略统一。
- 候选目标：交易目标搜寻计划，及时审核长/短目标清单。如要实现每年达成1~5笔交易的目标，至少要筛查50家以上的公司。
- 团队：具备并购专业经验和能力的内部人才团队，在交易过程中有清晰的角色和职责划分。
- 流程：标准化、端到端的交易流程和系统的决策过程，以避免决策偏见。

● ● ●

当前中国上市公司平均估值倍数为25（EV/EBITDA），远高于世界其他地区，而海外公司估值普遍低于国内同类资产，正是中企海外并购的好时机。一宗成功的交易案有赖于交易前的良好准备和并购后的整合。我们建议，怀有全球化抱负的中国企业现在就应着手建设并购能力。○

作者感谢同事蒋敏君、刘寅、胡景实和顾磊的大力贡献。

徐浩洵为麦肯锡全球资深董事合伙人，常驻上海分公司；
洪晟为麦肯锡全球董事合伙人，常驻上海分公司；
孙俊信为麦肯锡全球董事合伙人，常驻香港分公司；
David Cogman（岑明彦）为麦肯锡全球董事合伙人，常驻香港分公司。

组织创新

58 从“小微”看海尔的平台化转型
唐蓓，卢少川

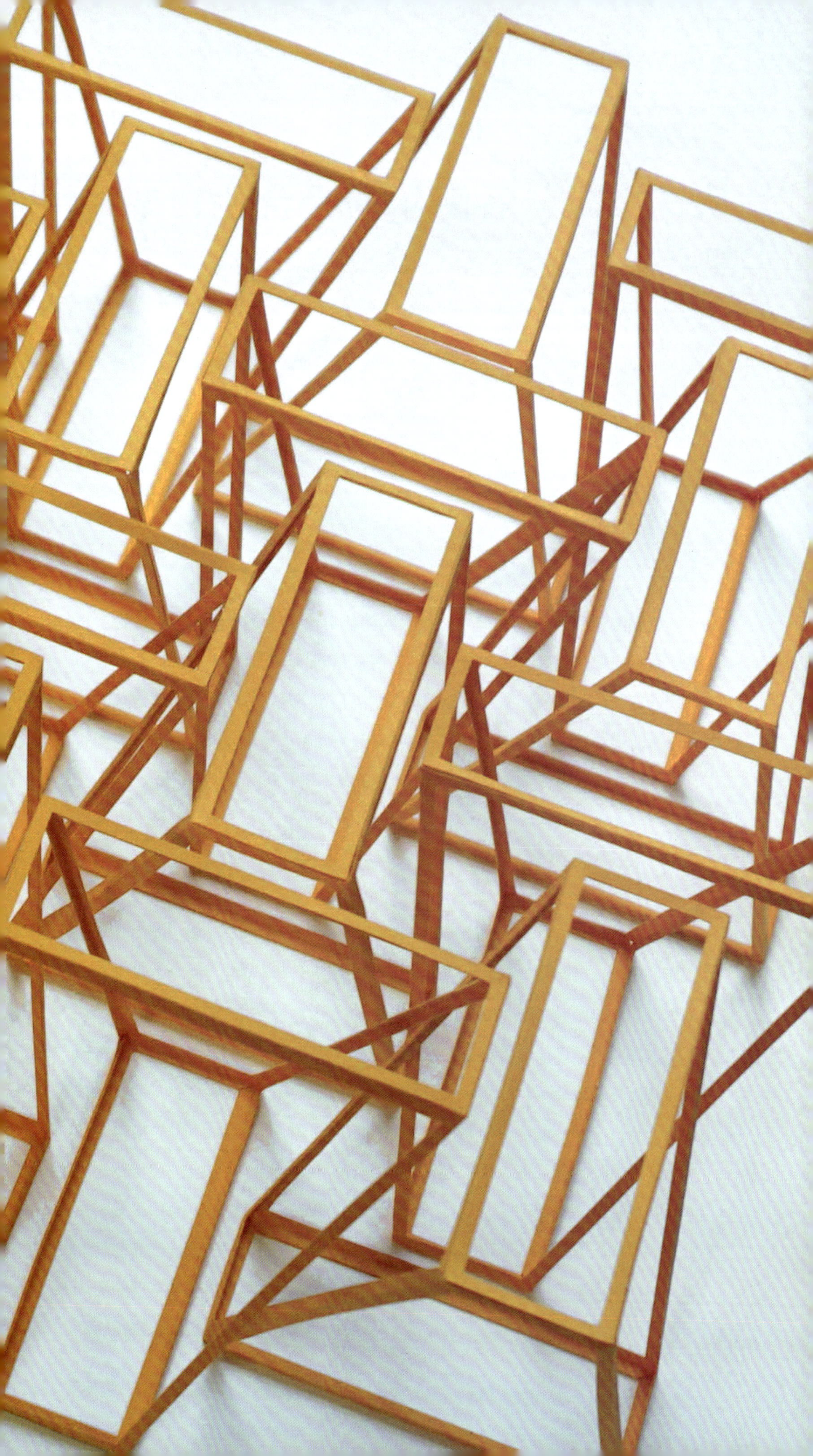

从“小微”看海尔的平台化转型

唐蓓，卢少川

跨国制造商海尔正在努力变身为网络化平台型生态圈组织。我们选择从“小微”切入，以了解海尔在互联网时代的新转型。

跨国制造商海尔正在努力变身为网络化平台型生态圈组织。这一转型只是一个新的起点，海尔的目标是转型为创客孵化器，彻底告别旧的商业模式和传统管理方式。2016年盛夏，我们对海尔进行了实地考察。从所有变革观念和变革实践中脱颖而出的是“小微”。几乎每个海尔人与小微都有着某种程度的关联。因此，我们选择从小微切入，以了解海尔在互联网时代的新转型。

小微是什么？

小微是海尔平台组织上的基本创新单元，也就是独立运营的创业团队。小微能够充分利用海尔平台上的资源快速变现价值。小微可以按两种方式进行分类。一是全流程生态圈小微和资源类小微。

生态圈小微直接对用户的全流程最佳体验负责，直接创造用户价值。目前约有200个生态圈小微，雷神小微尤其值得一提。2013年，三名85后的海尔年轻员工成立全新产品小微——雷神。在短短两年内，雷神完成了3轮融资，目前正在进行新一轮融资，估值超过6亿元人民币。2015年，其收入达到7亿元人民币，预计2016年将达到11亿元人民币。然而，如此高增长的小微属于极轻资产模式，主要专注于软件和产品设计以及用户互动，并不制作产品模具，也不从事生产制造等，很多产品本身密切相关的工作并不是由雷神自己的团队去做，而是整合外部资源方一起完成。从硬件→软件→竞技生态圈，雷神小微团队用开放的社会化资源共创了雷神的竞技生态平台。

资源类小微要抢单进入生态小微的团队，同一目标，从不同维度承接生态圈小微的单，通过交换价值挣酬。如果不能提供价值，就会被动态优化。

另一种分类是创业孵化小微和转型小微。创业孵化小微主要聚焦新机会、新事业，从0到1，通过新的点子和创意产生的小微。创业孵化小微采用的是创业团队跟投的动态合伙人机制。开放吸引外部资本和创业团队出资、跟投体现资本社会化和人力社会化。典型案例是小帅影院，通过用户交互和粉丝经营，用户参与设计迭代，依托海尔开放平台吸引全球资源，2015年底已有粉丝20万，2015年销售额超过4000万元人民币。目前小帅已经拿到B轮融资。

转型小微是在海尔生态圈里，通过模式转型、颠覆，独立核算、完全市场化机制的自组织。目的是从串联到同步并联，创造全流程最佳用户体验，例如，作为转型小微的热泵聚焦潜在细分用户资源，从原来的热水器小微分离，进一步面向家庭和企业提供产品解决方案。

小微所处的生态系统

平台

当前海尔只有平台和小微，平台一方面为小微提供开放的资源支持，另一方面，通过开放地吸引资源，快速地聚散资源，使海尔平台生态更丰富，从而吸引更多的小微到平台创业、快速变现价值，相关方利益最大化。平台上只有三类人，一类是"平台主"，就是为小微提供创业资源支持，其价值体现在有多少成功的创业团队；第二类叫"小微主"，是经营小微、直接创造全流程用户最佳体验，直接创造用户价值；第三类是创客。

创客

创客包括海尔员工和外部一流资源（在线员工）。平台主、小微主、创客是自组织，不构成任何上下级关系。

小微秉持的观念和信仰

在海尔，人被视为拥有自由意志的个人，员工在海尔的平台上与用户交互，找到自己能够创造价值的空间、共同创造价值并与组织共享双赢的结果。“每个人在海尔都可以成为自己的CEO”。

这一理念体现在“人单合一”机制，即员工与用户绑在一起，意味着没有上级指派任务，而是采用创客小微自行注册和自我竞选的方式。这一强劲的内部驱动力，来源于员工能够在海尔的平台上通过为用户创造价值而实现自我价值。

小微如何利用并调动人力资本

参与团队合伙人和成员

海尔人亲历了从员工和执行者到企业家和商业合作伙伴的过渡。小微业务合伙人，被定义为“动态业务合伙人”，即在初始阶段，可以作为合伙人加入并最终成为股东，如果无法取得预期进展，必须随时准备离开。

人才吸引方面，海尔的理念从“找人”、“猎人”转变为“吸引人”，主张充分展示小微的优势和发展前景，吸引到小微需要的创客。同时，人才吸引方式也从单个人才的吸引转变为团队吸引。用人的方式上，海尔也提出了在册、在线、合作等模式，灵活解决人才与企业的合作模式。

海尔还通过建立线上人才吸引平台，海尔“创吧”把用人的各种理念用互联网方式落实。同时，“创吧”规划通过连接海尔人力资源生态圈中的其他资源，如：资源创新平台、海尔大学、共享中心等，开放聚集更多类型的一流资源合作共赢，逐步实现人力资源全生态链的互联网建设。

利用虚拟团队

小微还利用其价值链上的所有资源，包括从上游供应商到参与流程早期的下游用户。小微与用户的互动注重粉丝和意见领袖也是一项明智之举。如雷神小微，充分发挥中国几乎所有社交媒体渠道的作用，目前管理超过500万在线粉丝，粉丝类型根据不同层次划分。现已逐步建立了雷神小微的生态圈，用开

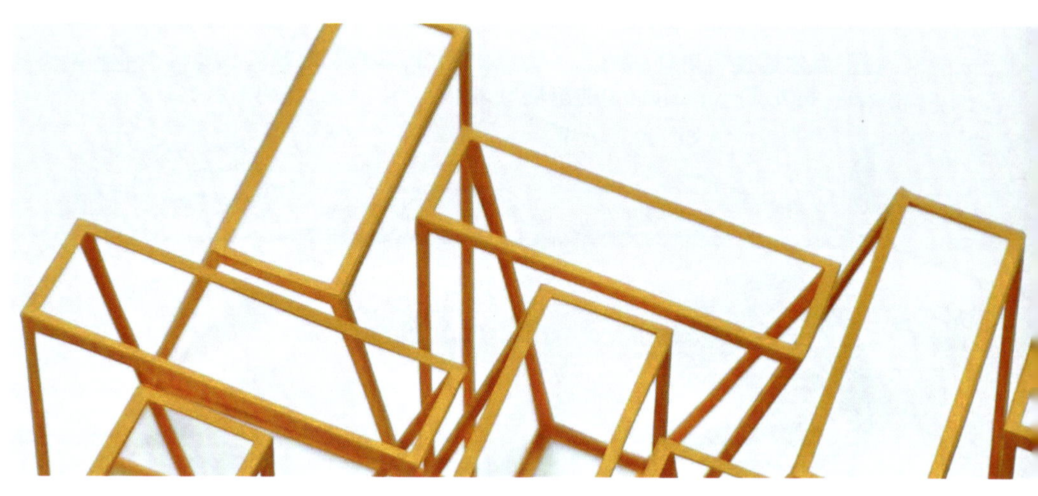

放的社会资源共建共赢的生态圈。除此之外，海尔还开放性地联合科研机构以吸引人才和获取创新解决方案。典型示例是HOPE（海尔开放创新平台），目标受众是学术机构、学科专家、研发公司等。通过HOPE平台，海尔接入了全球一流的设计资源和研发资源，平均每月有500个创新理念源自HOPE平台，包括热销产品自洁型洗衣机。

小微如何实现回报

海尔设计了二维点阵来衡量业绩。它结合了衡量人力资本和组织策略的多种工具，体现出对组织使命、价值来源和价值持续增长的关注。

小微的价值分配基本遵循同一目标、用户付薪的原则。小微事先有同一目标、自挣自花的损益账户，可计算损益；小微整体对赌用户价值（二维点阵），自挣酬；小微内每个成员（节点）承诺从不同维度对小微的价值贡献，在小微自挣酬范围内，按二维点阵兑现；创业孵化小微和转型小微均是如此，同时，创业孵化小微还创新实践了跟投等动态合伙人机制。

海尔价值分配中引入的关键概念是对赌机制，不仅涵盖外部投资者，还包括内部员工，达成、超过对赌目标，共赢共享。在锁定整体对赌目标基础上，还要对赌阶段目标。对小微而言，团队成员实现其阶段性对赌目标至关重要。因此，为了确保团队成员的阶段性目标得以实现，对赌机制也适用于员工和小微主。以创业孵化小微为例，小微主和创业团队必须在约定的时间窗口靠自

图 海尔通过采用创新的“小微组织+支持平台”组织结构并以创业激励为推动力，树立了一个工业4.0的范例

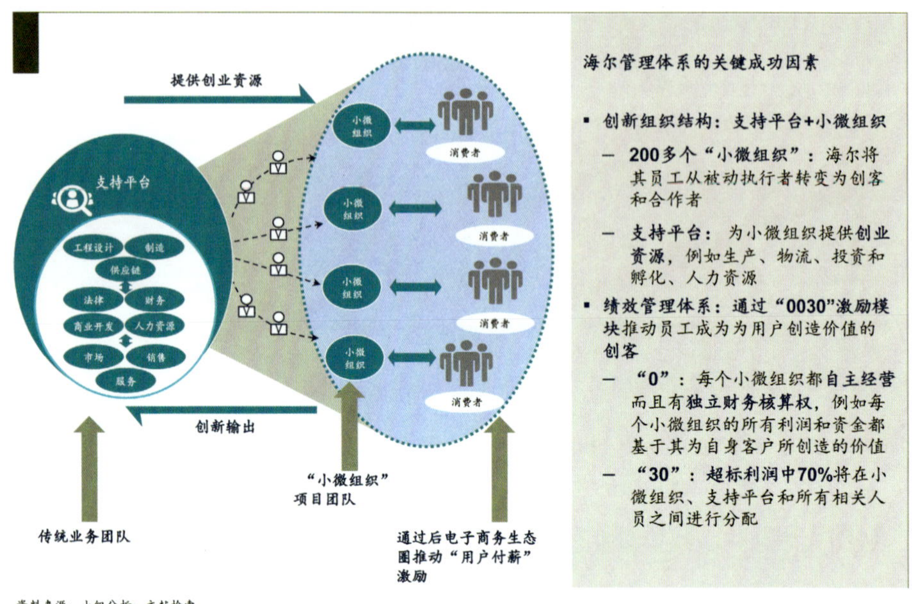

资料来源：小组分析；文献检索

身筹资，通常是孵化期开始后三个月。如果三个月内未实现阶段性对赌目标，不能吸引到外部风投的投资，团队可投票反对小微主，让其退出并由其他人取代，小微可能解散。对于团队成员，类似方法亦适用。

唐蓓为麦肯锡全球副董事合伙人，大中华区组织设计和创新负责人，常驻上海分公司；

卢少川为麦肯锡组织业务咨询顾问，常驻北京分公司。

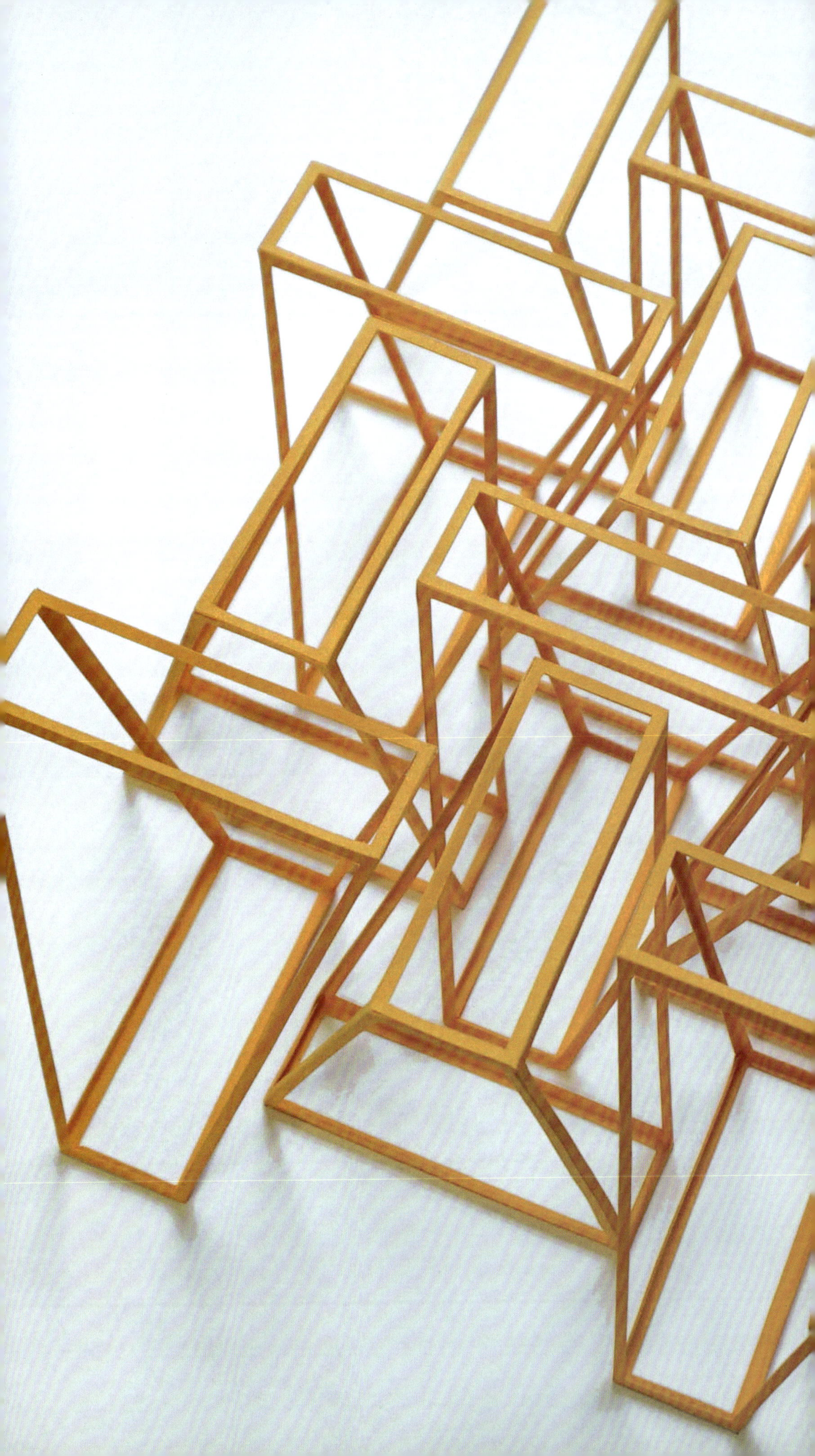

访谈

66 先人一步——皮克斯公司埃德温·卡穆尔访谈录

先人一步
——皮克斯公司埃德温·卡穆尔访谈录

皮克斯公司创作了全球首部全电脑动画片，创始人之一的卡穆尔先生向我们讲述了皮克斯永葆创意的管理哲学。

现任皮克斯与迪士尼动画工作室总裁的埃德温·卡穆尔是数字时代的元老。1965年他开始在犹他大学攻读计算机科学。1972年他创作的4分钟电脑动画短片，代表了当时最高的科技水平。

在2014年出版的*Creativity, Inc.*一书中，卡穆尔回顾了皮克斯的大事记——1986年，史蒂夫·乔布斯花了1000万美元买下了卢卡斯影业的计算机部门，成立了皮克斯；1995年，把世界动画电影带入3D时代的《玩具总动员》上映；2006年，皮克斯被华特迪士尼公司以74亿美元收购。他在书中更分享了皮克斯在激发创意过程中的种种刺激和挑战。

卡穆尔与麦肯锡公司的Allen Webb，以及两位斯坦福大学教授Hayagreeva Rao和Robert Sutton就*Creativity*, Inc.一书总结的五条准则展开了深入的讨论：①拥抱混乱，因为混乱潜藏着无限创意；②善于传递微妙信号；③明智地冒险；④反复实验消除不确定性；⑤无所畏惧；⑥“新官”上任稳着陆。这些都是他担任迪士尼工作室总裁后所践行的准则。

《麦肯锡季刊》：作为一家公司的领导者，你是如何营造批判性文化，允许审慎、系统的内省，同时又能激发自信？

埃德温·卡穆尔：最根本的矛盾是——人们寄希望于旗帜鲜明的领导，但我们的工作性质本来就比较发散。一味死板地按计划行事注定要失败，因为计划总是脱离实际。所以，你需要在旗帜鲜明地领导和混乱状态之间取得平衡。实际上，这也是你最应该坚持的位置。我尽量提醒自己“好吧，不要太混乱就行”，而不是想着“我的职责就是保证一切井然有序”。

说一不二的领导并没有多大好处。这种绝对明确的领导作风会让我们停止探索问题的解决方案，停止追求卓越。当然，员工们也不想混乱过了头，这样就无法正常工作。如果我们叫停一部没前景的电影，可能会让许多人沮丧、心疼。但同时也向大家传递了一个重要信号——片子不好，绝不发布。我们不能制作烂片，这是原则问题。

《麦肯锡季刊》：这就是你的准则？你的战略？

埃德温·卡穆尔：我们真正的准则就是推出伟大的片子。我们需要电影有好的票房，因为推倒重来很烧钱的。如果我们打算永葆创意，就必须要敢于冒险。这样就为公司文化带来积极影响——每个人都在提高标准，对片子提出更多要求。当然，这也增加了成本，所以我们需要持续削减成本。

剧本好制作起来就会更轻松，成本也更低。这种说法没错，但没什么用。因为好的剧本只能让你拿到B（次等水平）。做一部B级电影的成本不高。老实说，可以轻轻松松做到B。

如果你想拿A，就必须对第一轮暴露的问题作出调整，再试第二次，再调整，如此反复。就像盖房子那样。最省钱的办法当然就是先做好规划，按施工图搭建。可往往当建筑初具雏形的时候，你就会觉得，“当时我是怎么想的？这根本行不通啊。”研究计划和亲眼看到计划变成现实是完全两码事。很多有经验的人会告诉你，要多准备钱，因为很可能会超支。

《麦肯锡季刊》：前面你提到传递信号，可以多谈谈吗？

埃德温·卡穆尔：比如我们在正片之前加一段实验动画短片。为什么呢？这是我们的信号。告诉观众，看的内容可以值回票价；告诉同行，皮克斯和迪士尼鼓励更广泛的艺术表达；告诉员工，我们愿意无偿做一些事，并没有把钱看得至高无上。

《麦肯锡季刊》：还有其他你想要强调的信号吗？

埃德温·卡穆尔：举个简单例子，我们餐厅工作人员也属于公司的一部分。我觉得现在很多公司过度关心一个词，即所谓的核心业务。这些公司会因为员工餐饮不是核心业务就把它外包出去。虽说外包是很平常的一件事，但"核心业务"这个词很可能变成一个赚钱至上的借口，给企业文化带来负面影响。

在我们公司，餐厅员工是我们的雇员。他们不需要考虑盈亏，他们只在乎同事对餐食是否满意。所以我们的餐饮质量要比很多公司都好。

另外，我们的餐厅提供的餐饮是收费的。一旦免费，就会发出错误信号，贬低了餐厅工作人员的价值。每个人都很喜欢我们的主厨和厨员，员工幸福感也很高。我们不需要为了吃顿好的出去1个半小时，员工餐厅有一种特殊的社交氛围，甚至有偶遇的机会。不论对于我们还是核心业务来说，都是很有意义的。

《麦肯锡季刊》：你认为冒险精神对于艺术和商业的成功都是至关重要。你怎么看待皮克斯的冒险精神？

埃德温·卡穆尔：我觉得有三个阶段。第一个阶段是有意识地决定你想要冒什么险。第二是理清这些选择带来的后果。这一步是很耗时的。第三个阶段就是出现意料之外的风险时，你要做好"上膛"的准备。

我们知道，如果每一部电影不做技术改进，制作效率将会非常高。但这样做就无法与时俱进。所以我们会引入新技术。有时是冒个小风险，有时是换掉整个基础架构，这有很大的风险，也会带来很多焦虑和痛楚。

同样，就剧本来说，不管是首创还是续集，创作难度都很大。但是商业风险的程度就不一样。如果制作《超人总动员》续集，商业风险很低，虽然制作难度高。如果《冰雪奇缘》要拍续集，商业风险也很低。但是，如果要拍一部新片，讲一只爱做料理的老鼠或者一个垃圾压缩机爱上了机器人，那么商业风险就比较高。

但是如果我们只关心商业低风险，创意就会破产。所以需要有意识地选择不同程度的风险。这和风险最小化、分散风险都不一样。皮克斯在过去20年制作的电影全部完成了，除了一部。这些作品都是我们的宝贝。

2007年，皮克斯的《料理鼠王》获得奥斯卡最佳动画长片奖，讲述了一只老鼠渴望变成主厨的故事。因其极富想象力的故事前提和创新的动画，为评论家们称道。

《麦肯锡季刊》：在书中，你暗指迪士尼动画掉入了创意的陷阱。

埃德温·卡穆尔：华特还在世时，迪士尼出品了许多影响深远的动画片。他去世后，动画片质量就下降了。后来到了90年代，迪士尼推出了四部有影响力的动画片电影：《小美人鱼》、《美女与野兽》、《阿拉丁》和《狮子王》。那个时期，迪士尼以为找到了好模式，声称“动画就是新的美国百老汇”。所以每一部动画片都是音乐剧，穿插五到七首歌，加上一个搞笑的配角，部部皆是这个套路。往日的巨大成功没能带来自我反省，却导致了错误的结论。这种情况很常见，对吧?

《麦肯锡季刊》：你说动画片的进入门槛降低了。还有哪些重大变化吗?

埃德温·卡穆尔：技术在不断革新。同时，人们消磨时间的方式也在改变。如今，大片变得更重要了，因为能吸引更多人观影。毕竟去影院看大片是不错的社交方式。但我也想补充一点，谁也不希望看到小制作电影被边缘化，毕竟它们带来了很多创意。这是个进退两难的状况。

老实说，动画在硬件层面的技术变革是由游戏产业带动的。尽管我们最先发展了绘图技术，但是产业规模还没有大到出现专门为动画片设计的芯片。幸亏有强大的游戏产业带动绘图芯片逐步发展，我们才得以继续前进。

迪士尼现在坐拥三大图形与动画研发团队，包括皮克斯、迪士尼动画和ILM（工业光魔，迪士尼于2012年从卢卡斯影业收购），另外，为了保持技术领先，我们在主要的大学成立了两个研究团队，也在迪士尼Imagineering（幻想工程）做研究。

在迪士尼最新的电影《疯狂动物城》中，动画人员研发了一种能够清晰展示动画角色毛发的新技术。部分动物的毛发数量多达200万根。

《麦肯锡季刊》：所以就是多下赌注，然后对冲所下的注？

埃德温·卡穆尔：我认为应该做实验，就算可能不会有成果。其实这挺难的，因为人们不喜欢失败。失败有一个特征，也就是只有在合适的时候才能发现它的价值。当你回过头会说“是失败成就了现在的我”。“失败”有两方面意义。积极的意义在于我们可以通过失败学习经验。但同时，失败也会带来危机，被用作打击对手的武器。

《麦肯锡季刊》：那我们能做些什么？

埃德温·卡穆尔：我们创作更多的实验性电影，并不期待获得多少票房，却让我们有机会玩些冒险的做法。将来制作商业动画时，也会尽力尝试一些不甚实际的想法，逼着自己多做实验。

《麦肯锡季刊》：关于畏惧和如何消除它的腐蚀作用，你似乎做了深入思考。

埃德温·卡穆尔：畏惧是天生就有的。如果人们来皮克斯工作，那么他们感到哪些威胁？也许是，“我能融入这里的工作氛围吗？我会不会看起来很弱？我会搞砸吗？”这种畏惧虽说是正常的，但也会让人行事过于谨慎。

皮克斯刚创立那段时间，员工很爱相互捉弄，他们觉得找找乐子，时而干点疯癫的事情，非常有趣。

现在那些年轻人都有了孩子，下了班就回家。但他们还是很爱这样玩。就算新人也想恶搞一下，但总会觉得束手缚脚。老员工就会说，“这些新人怎么回事？都不像我们以前那样找乐子。”企业文化慢慢就变味了。如何避免呢？我不能站出来说“好，我们恶搞一下吧”，自上而下组织这种活动并不是什么好主意。不过请别误会，很多时候员工还是会玩得很疯的。但是我们必须重视这种不言而明的，让大家噤若寒蝉的畏惧感。

《麦肯锡季刊》：根据你的经验，你认为新CEO空降的头一个月，应该做什么？不应该做什么？

埃德温·卡穆尔：加入迪士尼后，我们用了两个月纯粹只是倾听。当然，John Lasseter（皮克斯和迪士尼的首席创意官）和我花了很多时间和员

工交流，做一些指导工作等等。整整两个月里，我们都没有对任何人或事发表定论。我们只是从旁观察、了解。

新官上任会让每个人都很紧张。你应该先假设每个人都在尽心尽力工作。我不会一来就说："好，让我看看大家干得怎么样。"有人碰到麻烦，你再施以援手。只有在多次尝试帮助，却得不到回应之后，才果断采取行动。

还有一点，虽然不是经常发生，但我们也会谨慎处理。假设有个员工能力不济，这个人刚好是团队领导，你很确定他无法胜任，那该怎么做？通常的做法是立马让他走人。我们是不会这么做的。因为这样会令让其他团队的领导感到唇亡齿寒，他们未必像你那样了解实情。他们只会认为一旦搞砸也会被老板开除。只有当其他人也感觉有必要辞掉某个人的时候，你才该做这件事。当然我也承认好几次这样的等待实在太久了。

《麦肯锡季刊》：展望未来，你有什么担忧吗？

埃德温·卡穆尔：大家也许觉得最应该着重考虑的是接班人计划，对我来说，最容易被忽略的是文化传承。你必须确保接班人透彻理解公司的价值观。比如，华特·迪士尼受到技术变革（电影业早期的声效和色彩）的启发，公司重新焕发了生机。其后，他又将最新技术引入主题公园，创造了全新体验和电子动画。

华特去世后，公司高层并不理解这一价值观。直到他的侄子，小罗伊·迪士尼（Roy Disney Jr.）主政后再次引入这个观念。尽管反对者认为皮克斯的软件不会节省任何费用，但他仍坚持跟我们合作。小罗伊说，“不，我想要这个软件是因为它能为动画注入新的活力。”他的态度非常明确，他很清楚老华特的理念。

问题是，“如果华特懂得这些，为什么其他人就不懂呢？”他们只是认为华特是天才，并不去思考他的行事原则。因此，价值观没能得到传承。现在，公司的高层花很多时间来确保价值观扎根于组织的每个角落。这样做很难，但是对于我们持续创作伟大的电影来说是非常必要的。

本访谈由斯坦福大学的Huggy Rao和Robert Sutton教授，以及《麦肯锡季刊》总编辑Allen Webb共同完成。

McKinsey Quarterly

2008

《领导力与创新》

《中国的全球挑战》

《应对气候变化》

《女性与领导力》

2009

《危机：管理的新时代》

《医疗改革从何入手》

《政府与商界：新时期新规则》

《争夺亚洲消费者》

2010

《剧变时期的战略与领导力》

《明察战略决策偏见》

《如何在重新平衡的全球经济中竞争》

《非洲：经济增长的新大陆》

《十大技术趋势改变商业模式》

2011

《2011议程构想》

《如何重启增长》

《乐观的中国消费者》

2012

《创新中国》

《社交媒体与新消费时代》

《建设世界级的中国企业》

《城市化的中国：机遇与挑战》

2013

《识时变 驭天下: 修炼新时代领导力》

《中国新篇章》

《颠覆性技术与商业趋势》

《大数据：你的规划是什么？》

2014

《制造业复兴》

《决胜数字时代》

《管理：下一个50年》

《探路数字转型》

2015

《正念领导力》

《启航“一带一路”》

《提高你的“数字商”》

《重塑客户体验》

2016

《弄潮新消费》

《敏捷组织》

《中国工业4.0之路》

上海

麦肯锡公司上海分公司
上海市湖滨路168号
企业天地3号楼20楼
邮编：200021
电话：(86-21)6385-8888
传真：(86-21)6385-2000

北京

麦肯锡公司北京分公司
北京市朝阳区光华路1 号
嘉里中心南楼19 楼
邮编：100020
电话：(86-10)6561-3366
传真：(86-10)8529-8038

香港

麦肯锡公司香港分公司
香港中环花园道3号
中国工商银行大厦40楼
电话：(852)2868-1188
传真：(852)2845-9985

台北

麦肯锡公司台北分公司
台北市信义路五段七号47 楼
邮编：110
电话：(886-2)8758-6700
传真：(886-2)8758-7700

深圳

麦肯锡公司深圳分公司
深圳市福田区中心四路
嘉里建设广场第三座13楼26室
邮编：518000
电话：（86-755）3397 3300